Deutsche Regionalsprachen in Mittel- und Südosteuropa

REGENSBURGER BEITRÄGE ZUR DEUTSCHEN SPRACH-, LITERATUR- UND KULTURWISSENSCHAFT

Herausgegeben von Jürgen Daiber, Marcus Hahn,
Ursula Regener und Paul Rössler

BAND 103

PETER LANG

Mihaela Şandor / Alwine Ivănescu (Hrsg.)

Deutsche Regionalsprachen in Mittel- und Südosteuropa

PETER LANG

Bibliografische Information der Deutschen Nationalbibliothek
Die Deutsche Nationalbibliothek verzeichnet diese Publikation
in der Deutschen Nationalbibliografie; detaillierte bibliografische
Daten sind im Internet über http://dnb.d-nb.de abrufbar.

Umschlagabbildung: © Mihaela Şandor

ISSN 2366-2190
ISBN 978-3-631-76853-2 (Print)
E-ISBN 978-3-631-78181-4 (E-PDF)
E-ISBN 978-3-631-78182-1 (EPUB)
E-ISBN 978-3-631-78183-8 (MOBI)
DOI 10.3726/b15283

© Peter Lang GmbH
Internationaler Verlag der Wissenschaften
Berlin 2019
Alle Rechte vorbehalten.

Peter Lang – Berlin · Bern · Bruxelles ·
New York · Oxford · Warszawa · Wien

Diese Publikation wurde begutachtet.

www.peterlang.com

Vorwort

Im Oktober 2016 feierte der Germanistik-Lehrstuhl an der West-Universität Temeswar sein 60. Jubiläum im Rahmen der internationalen Tagung *Germanistik zwischen Regionalität und Internationalität – Internationale Tagung: 60 Jahre Temeswarer Germanistik*. Bei dieser Gelegenheit wurde innerhalb der Tagung eine Sektion zum Gedächtnis des bekannten Banater Germanisten Peter Kottler veranstaltet, an der sich Wissenschaftler verschiedener germanistischer Fachrichtungen aus dem In- und Ausland beteiligten. Vorliegender Sammelband enthält einen Teil der Vorträge der Sektion *Deutsche Regionalsprachen – synchron und diachron/Namensforschung: Eine Sektion zum Gedenken an Peter Kottler*, die vom Forschungszentrum Deutsch in Mittel-, Ost- und Südosteuropa der Universität Regensburg unterstützt wurde.

Thematisch streift der Band die Schwerpunkte der vielfältigen wissenschaftlichen Interessen von Peter Kottler – Namensforschung, Banater deutsche Dialektologie, deutsche Sprachgeschichte und Sprachkontaktforschung –, er widerspiegelt jedoch auch einen Teil der unterschiedlichsten linguistischen Forschungsrichtungen der rumänischen Germanistik. Außer einer umfassenden Würdigung des Lebens und Schaffens des Menschen, Lehrers und Forschers Peter Kottler in den Beiträgen von Prof. Dr. Hermann Scheuringer und Prof. Dr. Sorin Gădeanu, finden sich hier vereint eine Untersuchung von Univ.-Doz. Dr. Adina-Lucia Nistor zum Namen *Kottler* im deutschen und rumänischen Sprachraum, Erörterungen zu Fragen im Zusammenhang mit den deutschen Sprachinselmundarten von Prof. Dr. Koloman Brenner, Dr. Mihaela Șandor, Dr. Alwine Ivănescu und Dr. Karin Dittrich, des Weiteren Beiträge zu den deutschen diachronischen Varietäten in Osteuropa, mit denen sich Prof. Dr. Anna Just, Univ.-Doz. Dr. Doris Sava und Dr. Ileana-Maria Ratcu auseinandersetzen. Hinzu kommt ein Artikel von Dr. Mihai Crudu zur diatopischen Markierung ausgewählter Phraseme mit isolierten Wörtern.

Dieser Band konnte dank der großzügigen Unterstützung durch das Forschungszentrum Deutsch in Mittel-, Ost- und Südosteuropa der Universität Regensburg erscheinen, dessen Leiter, Prof. Dr. Hermann Scheuringer, unser besonderer Dank gilt.

Temeswar, im Januar 2019

Die Herausgeberinnen

Inhaltsverzeichnis

Autorenverzeichnis

Koloman Brenner
Budapest

Mihai Crudu
Suceava/Suczawa

Karin Dittrich
Timişoara/Temeswar

Sorin Gădeanu
Bukarest/Wien

Alwine Ivănescu
Timişoara/Temeswar

Anna Just
Warschau

Adina-Lucia Nistor
Iaşi/Jassy

Ileana-Maria Ratcu
Bucureşti/Bukarest

Mihaela Şandor
Timişoara/Temeswar

Doris Sava
Sibiu/Hermannstadt

Hermann Scheuringer
Regensburg

Abkürzungsverzeichnis

Abb.	Abbildung	nl.	niederländisch
aengl.	altenglisch	norw.	norwegisch
ahd.	althochdeutsch	nordd.	norddeutsch
anord.	altnordisch	ndd.	niederdeutsch
arab.	arabisch	nso.	niedersorbisch
böhm.	böhmisch	ostd.	ostdeutsch
dän.	dänisch	oso.	obersorbisch
dt.	deutsch	poln.	polnisch
engl.	englisch	PLZ	Postleitzahl
fnhd.	frühneuhochdeutsch	rum.	rumänisch
frz.	französisch	russ.	russisch
griech.	griechisch	slaw.	slawisch
jidd.	jiddisch	slow.	slowenisch
kaschub.	kaschubisch	Tab.	Tabelle
lat.	lateinisch	Tel.	Telefonanschlüsse
mhd.	mittelhochdeutsch	tschech.	tschechisch
md.	mitteldeutsch	türk.	türkisch
mnd.	mittelniederdeutsch	ung.	ungarisch
mnl.	mittelniederländisch	wend.	wendisch

Hermann Scheuringer

Peter Kottler – ein Gelehrtenleben für das Banat

Die Temeswarer Germanistik feierte 2016 ihr 60-jähriges Bestehen. 57 dieser 60 Jahre wirkte an ihr Peter Kottler, angefangen mit seinem Studium und in den letzten Jahren auch noch nach seiner Pensionierung im Grunde bis zu seinem Lebensende im Sommer 2013. Peter Kottler war insofern eine „Institution", wie man sagt, Urgestein dieser Universität, engstens verbunden auch darüber hinaus mit der Stadt Temeswar und mit dem Banat im Ganzen, besonders eng verbunden mit dem deutschen Kulturleben dieser Stadt, auch und noch einmal intensiver nach dem großen Exodus der Deutschen nach 1990, auch darin eine „Institution".

Viele inner- und außerhalb des Banats und außerhalb Rumäniens, in Deutschland und Österreich, haben von Peter Kottler gelernt, über sein Wissen gestaunt und von seinem Wissen profitiert, seine Loyalität zu *seinem* Banat geschätzt und bewundert. Nicht wenige haben mir auch für diesen Beitrag Informationen und Hinweise geliefert und natürlich beziehe ich mich auf die allgemein zugänglichen Informationen über ihn und sein Wirken und zum Teil auch von ihm selber, in Büchern, Zeitschriften und Sammelbänden, engst verwoben mit der Geschichte der Temeswarer Germanistik, deren gleichsam nicht wegdenkbarer Bestandteil er mehr als ein halbes Jahrhundert war. Nicht allzu viel kann man über Peter Kottler im Internet erfahren, denn, obschon noch weit ins Computerzeitalter hinein lebend, hat er all dies gemieden wie der Teufel das Weihwasser. Quasi kompensatorisch konnte man von ihm in stundenlangen Privatvorlesungen minutiös zu Kultur und Geschichte des Banats erfahren, etwas, das damals, im konkreten Augenblick des Geschehens, manchmal ermüdet, schlussendlich aber doch alle bereichert hat. Peter Kottler hat im Laufe der Jahre auch mir vieles Wissenswertes erzählt, bei einer ersten Begegnung in Wien noch in den neunziger Jahren und ab unserem laufenden persönlichen Kontakt vor allem in Temeswar und im Banat, der im Jahre 2000 begann, als wir gemeinsam mit Renée Fürst, damals meine Schülerin an der Universität Wien und österreichische Lektorin in Temeswar, und mit weiteren Mitgliedern der Temeswarer Germanistik ins touristisch erst in den Anfängen steckende Wolfsberg fuhren. So danke ich ihm für mancherlei Information zu seinem Leben, ebenso manchen unter den Beiträgern dieses Bandes und auch darüber hinaus, aber auch seinem Sohn Valentin

Abb. 1: Fibisch im Winter

Kottler in Wannweil nahe Stuttgart, und so hoffe ich doch auch jenen, die ihn wahrlich besser kannten als ich, wenigstens ein paar neue Informationen bieten zu können, vor allem aber jenen, die ihn nur vom Namen, nur am Rande oder gar nicht kannten, einen Banater nahebringen zu können, der für die insbesondere deutsche Kultur- und Geistesgeschichte des Banats und Temeswars unersetzlich bleiben wird.

Fürs Erste brauchen wir dazu die biografischen Daten. Peter Kottler wurde am 26. Oktober 1939 in Fibisch im Kreis Temesch geboren. Fibisch ist damals wie heute ein Dorf mittlerer Größe, mit aktuell etwas über 1.500 Einwohnern, gelegen an der Kreisstraße von Temeswar nach Lippa, 30 Kilometer nordöstlich von Temeswar, dort, wo die Gegend der Banater Heide ausläuft und das Land hügelig wird und das beginnt, was die Geografen *Podişul Lipovei*, Lippaer Hügelland, nennen.

Das Foto von Fibisch vom 26. Februar 2012, das man im Internet in der Enciclopedia României finden kann (Abb. 1)[1], ist ganz schön, das aber, das Hans Kumpfmüller, quasi „Hausfotograf" des Adalbert-Stifter-Instituts des Landes

---

1   http://enciclopediaromaniei.ro/wiki/Fişier:Fibis.JPG, abgerufen am 21.12.2017.

Abb. 2: Fibisch im Frühjahr 2016

Oberösterreich in Linz, im Frühjahr 2016 anlässlich einer Sprachaufnahmereise ins Banat gemacht hat, ist atemberaubend (Abb. 2). Sie sehen darauf Fibisch von Osten, im Süden die orthodoxe Kirche und im Norden, wo das Terrain ansteigt, die katholische Kirche und damit auch gleich den Schlüssel zur ethnisch-konfessionellen Zusammensetzung von Fibisch.

Dieses ist über Jahrhunderte ein dreisprachiges Dorf gewesen bzw. zu einem solchen geworden, denn zuerst einmal und mehrheitlich über all die Jahrhunderte war und ist es ein rumänisches Dorf. So heißt es auch in der Enciclopedia României: „Istoricii maghiari [...] vorbesc despre caracterul valah al satului [...], semn că el a continuat să fie românesc în toate perioadele." Und weiter: „Spre finele secolului XIX au fost colonizate câteva familii de maghiari și germani, dar caracterul majoritar românesc a rămas neschimbat."[2] Das bestätigt auch Peter Kottler selber in einem kurz nach seinem Tod erschienenen Interview:

---

2 http://enciclopediaromaniei.ro/wiki/Fibiș, abgerufen am 21.12.2017.

Es war ein überwiegend rumänisches Dorf, die Deutschen und Ungarn zusammen bildeten etwa ein Drittel der damals rund 2000 Einwohner. Die Deutschen wohnten am Dorfende, das heißt, sie waren zumeist aus Nachbargemeinden zugezogen und haben quasi einen Teil angebaut.[3]

So haben die Deutschen auch den Namen des Dorfes in ihre Sprache übernommen, und *Fibisch* heißt so auf Deutsch und auf Rumänisch. Auf Ungarisch heißt es *Temesfüves* und ungarisch dürfte auch die Etymologie des Ortes sein, zurückgehend auf eine Benennung schon vor der rumänischen Besiedlung, die von den Rumänen übernommen wurde. *Füves* heißt ,von Gras bedeckt, Grasfläche'. Deutsche und Ungarn dürften jedenfalls nach 1800 zugezogen sein. 1821 wohnen 260 Deutsche in Fibisch, 1891 wird eine deutsche Schule errichtet, 1901 für die Deutschen und die Ungarn eine katholische Kirche. Seit dem demografischen Höhepunkt bei der Volkszählung 1910 mit 649 Deutschen im Ort nimmt diese Zahl beständig ab. Zuletzt erscheinen 2002 noch 8 Deutsche, bei der Volkszählung 2011 meldet sich in Fibisch kein Deutscher mehr. Neben 1461 Rumänen erscheinen noch 56 Ungarn.

Peter Kottler ist also in einem rumänisch-ungarisch-deutschen Dorf aufgewachsen, etwas, das durchaus prägend wirken kann, nicht muss, für die eigene Sicht auf andere und auf das Zusammenleben der Sprachen und Ethnien. Er ist dort geboren am 26. Oktober 1939 als Sohn des Anton Kottler, Kleinbauer und Schuster, wie schon dessen Vater, und der Marianna Kottler, geborene Klein, aus Deutsch-Bentschek/Bencecu de Sus. Woher die Kottlers ursprünglich kamen, ist, wie bei so vielen kleinen Leuten, nicht überliefert. Zu vermuten ist eine Urheimat in Schwaben – trotz der Tatsache, dass auch die Fibischer Deutschen Pfälzisch sprachen. Dafür spricht die aktuelle Familiennamengeografie des Namens *Kottler* in Deutschland.[4] Im erwähnten Interview heißt es dann zu seinem weiteren Lebensweg: „Ich habe nur deutsche Schulen besucht"[5] – nämlich die deutsche Grundschule in Fibisch von 1946 bis 1950, die deutsche Elementarschule im Nachbarort Blumenthal, rumänisch Maşloc, von 1950 bis 1953 und dann das Deutsche Lyzeum, jetzt Nikolaus Lenau-Lyzeum, in Temeswar von 1953 bis 1956, abgeschlossen mit dem Bakkalaureat 1956. Im Jahre 1956 begann Peter Kottler an der Philologischen Fakultät des neu gegründeten Pädagogischen Instituts ein Studium der Germanistik und Anglistik. Die größere weltpolitische Hintergrundfolie stellt hier ein gewisses „Tauwetter" im kommunistischen Machtbereich dar, ausgelöst durch Chruschtschows aufsehenerregende Rede

---

3 Pichotta, Sören: *Schicksale. Deutsche Zeitzeugen in Rumänien – Lebensmut trotz Krieg, Deportation und Exodus.* Schiller Verlag: Hermannstadt/Bonn 2013, S. 142.
4 Dazu siehe den Beitrag von Adina Lucia Nistor in diesem Band.
5 Pichotta 2013, S. 143.

am XX. Parteitag der KPdSU[6], in der dieser mit Stalin abrechnete. Zumindest für das Englische währte dieses Tauwetter nicht lange, die Abteilung Deutsch-Englisch wurde 1957 aufgelöst und Peter Kottler musste zur Abteilung Deutsch-Rumänisch wechseln. Er hat diese dann 1961 abgeschlossen und gehörte damit zur ersten philologischen Absolventengeneration in Temeswar. Seine Diplomarbeit hieß „Die Entwicklung der dramatischen Dichtung in der einheimischen deutschen Literatur", er hat sich im Weiteren aber dann doch vornehmlich der Sprachwissenschaft zugewandt.

Während seiner Studienzeit lernte Peter Kottler auch seine spätere Frau kennen, Nicoleta Luțai aus Neu Simand/Zimandu Nou, ein rumänisches Dorf nördlich von Arad. Sie studierte Russisch und Rumänisch und war dann Professorin für diese Fächer. Geheiratet wurde am 31. Dezember 1960 und in dieser Zeit verkauften auch Kottlers Eltern ihr Haus in Fibisch und kauften eines gemeinsam mit Sohn und Schwiegertochter im Temeswarer Stadtteil Ronatz (Ronaț). Im zitierten Interview aus dem Jahre 2013 sagt Peter Kottler auch, dass seine Eltern es „gar nicht haben wollten",[7] dass er sich eine Rumänin suchte, etwas zu dieser Zeit noch recht Unübliches. Die Gräben waren nicht so sehr ethnisch bedingt, sondern konfessionell, denn Deutsche und Ungarn, beide katholisch, heirateten zusammen, doch von „den Rumänen war man durch die orthodoxe Kirche getrennt."[8] Abb. 3 zeigt ein Familienfoto, aufgenommen circa 1983, mit den drei Kindern Christiane, Valentin und Marianne.

Nur wenige Jahre später ereilte die Familie Kottler das typisch deutsche Schicksal nach der Revolution: Alle drei Kinder sind 1990 nach Deutschland ausgewandert. In Peter Kottlers letztem Interview sagt er:

> Ich hatte nie vor auszuwandern […]. Meine Kinder sind Hals über Kopf los, denn sie meinten, dass bald die Einwanderungsgesetze in Deutschland geändert werden. So ging diese Massenauswanderung los und wir Eltern mussten einsehen, dass wir das nicht für die Kinder entscheiden konnten.[9]

Er verbat es sich übrigens – wie mir sein Sohn erzählte –, vice versa von Verwandten zur Auswanderung gedrängt zu werden, denn er habe auch den anderen ihre freie Entscheidung gelassen. Und ein letztes Zitat aus besagtem Interview: „[…] wir Hiergebliebenen haben als deutsche Minderheit insgesamt verloren. Es könnte noch ein deutschsprachiges Leben in dieser Stadt bestehen,

---

6   KPdSU = Kommunistische Partei der Sowjetunion.
7   Pichotta 2013, S. 149.
8   Pichotta 2013, S. 150.
9   Pichotta 2013, S. 154.

Abb. 3: Familie Kottler

wenn nicht so viele ausgewandert wären."[10] Peter Kottler hat sich jedenfalls für sein Banat entschieden.

Noch kurz zu seinem weiteren Lebensweg, bevor ich mich seiner wissenschaftlichen Arbeit zuwenden möchte. Von 1961 bis 1964 war Peter Kottler *preparator*, Hilfsassistent, dann von 1964 bis 1971 *asistent universitar* – seit 1962 ist das Pädagogische Institut die neue Universität Temeswar – am Lehrstuhl für deutsche Sprache und Literatur, ab 1971 Lektor, dies bis zu seiner Pensionierung 2003 und darüber hinaus bis 2009. Peter Kottler hat in dieser Zeit in voller Umfänglichkeit unterrichtet: vergleichende Grammatik der germanischen Sprachen, Geschichte der deutschen Sprache, deutsche Dialektologie, Tendenzen der deutschen Gegenwartssprache, Besonderheiten der deutschen Sprache in Rumänien, rumänisch-deutsche sprachliche Interferenzen, Varietäten der deutschen Sprache, aber auch praktische Interpretationskurse der Lyrik Brechts und vieles andere mehr. Sein Spektrum war umfassend, seine Begeisterung und seine

---

10 Pichotta 2013, S. 155.

Abb. 4 u. 5: Peter Kottler mit 30 Jahren und am 31. März 2013

Fähigkeit, zu begeistern, groß und das vor allem hat ihm bei vielen, die heute in ganz Rumänien und auch im Ausland verstreut sind, Bewunderung und Verehrung bis heute eingebracht. Manches gelang nicht, vor allem seine Dissertation, immer wieder angekündigt, wohl seiner mangelnden Fähigkeit geschuldet, die Dinge auf den Punkt zu bringen, eine Medaille, deren andere Seite ein unendlich scheinendes und auch weitergegebenes Hintergrundwissen zu Geschichte, Sprachen und Kultur insgesamt des Banats und weit darüber hinaus war. So hat Peter Kottler intensiv am Ort gewirkt, nicht auf eine große Laufbahn abgezielt, sondern Generationen von Temeswarer Studenten betreut, auch in schweren Zeiten, zum Beispiel als Lehrstuhlleiter in den Übergangsjahren 1990 bis 1992. Eher selten waren Auslandsaufenthalte, sowieso in der Zeit vor 1990, zweimal in der DDR, das erste Mal 1969 (Abb. 4), nur einmal, 1971, in der alten BRD, auch in einer Zeit der „Lockerung". Sein Leben waren Universität und Stadt Temeswar und das Banat. Peter Kottler verstarb am 22. Juli 2013.[11]

---

11 Dazu siehe Abb. 5 mit dem letzten Bild von ihm vom 31. März 2013. Es findet sich auch im zum Zeitpunkt der Abfassung dieses Beitrags noch nicht erschienenen biografischen Artikel zu Peter Kottler, den Mihaela Şandor für die *Enciclopedia Banatului* verfasst hat und für dessen Zurverfügungstellung ich ihr bei dieser Gelegenheit danke.

Im Laufe vieler Jahrzehnte hat Peter Kottler sich auch in seiner wissenschaftlichen Arbeit vielen Dingen gewidmet, hier mehr als in der Lehre vor allem Banatbezogen. Er hat sich mit banatschwäbischer Mundartliteratur befasst und mit den Ortsnamen im Banat, und weil er ein Mann der ersten Stunde war, oblag es meist ihm, zur Geschichte der Temeswarer Germanistik zu berichten, so im großen Sammelband zum 50-jährigen Jubiläum 2006.[12] Zwei Schwerpunkte seien hier besonders hervorgehoben. Der eine ist sicherlich seine allumfassende Beschäftigung mit und Hingabe für die deutschen Dialekte des Banats, ersichtlich in etlichen Aufsätzen, vor allem aber in seiner Arbeit am *Wörterbuch der Banater deutschen Mundarten*, die er 41 Jahre lang leitete. Nach großen Mühen ist der erste Band dieses Werks im Jahre 2013 erschienen, noch zu seinen Lebzeiten.[13] Der andere Schwerpunkt ist die Befassung mit der in Rumänien üblichen Variante der deutschen Hochsprache. Hier war Peter Kottler Pionier, einer der Ersten, die die deutsche Hochsprache Rumäniens nicht einfach nur als fehlerhaft abtaten, sondern sie in ihren Spezifika zu beschreiben und zu werten suchten, besonders natürlich in ihrem engen Zusammenleben und in ihrem Beeinflusstwerden durch die dominierende Staatssprache. So ist er zum einen bedeutsam für die sprachliche Erforschung und Dokumentation des rumänischen Teils des Banats und zum andern für die gesamtrumänische germanistische Linguistik.

Zum Ersteren: Als Student der ersten Stunde ist Peter Kottler auch bei und seit den Anfängen einer neueren, geregelten und zentral geleiteten Banater Mundartforschung dabei. Als ältere Banater Mundartforschung kann jene von der Universität Budapest aus noch in der ungarischen Zeit und die der dann vielfach in Deutschland veröffentlichten Werke in der darauf folgenden großrumänischen Zeit gelten. Sie verlief in ihrer ersten Phase praktisch ausschließlich in ungarischer Sprache, in ihrer zweiten Phase unkoordiniert und zufällig. Ganz am Anfang steht übrigens eine Lautlehre der deutschen Mundart von Nitzkydorf von Franz Kräuter aus dem Jahre 1907. Am Anfang der neueren Banater Mundartforschung stehen Namen wie Stefan Binder als Lehrstuhlleiter und Hans Weresch, der im Sommer 1957 ausgewählte Studenten des ersten und einzigen

---

12 Kottler, Peter: „Rückblick auf 50 Jahre Germanistik an der West-Universität Temeswar". In: Fassel, Horst/Nubert, Roxana (Hrsg.): *50 Jahre Temeswarer Germanistik. Eine Dokumentation*. Verlag Ebner: Deggendorf/Tübingen 2008, S. 14–24.

13 *Wörterbuch der Banater deutschen Mundarten. Band I (A-C)*. Begründet vom Temeswarer Lehrstuhl für Germanistik. Bearbeitet von: Peter Kottler (A – abends), Ileana Irimescu (abhalten – Alkohol), Alwine Ivănescu (all – Axthaus), Eveline Hâncu (B – Bodega), Mihaela Șandor (Abendschule – abhalftern, Boden – Csárdás). IKGS Verlag: München 2013. Im Folgenden abgekürzt: WBDM.

Studienjahres des Pädagogischen Instituts in die Dörfer des Banats ausschickte, um sie die Wenkersätze abfragen zu lassen, unter ihnen Peter Kottler, der dies in seinem Heimatort Fibisch machte und in weiteren Dörfern der Nordostecke des Kreises Temesch wie Blumenthal, Königshof, Charlottenburg, Altringen usw. Den wohl bedeutendsten Impuls für die neue Banater Mundartforschung setzte dann ab den beginnenden sechziger Jahren Johann Wolf. Die im Sommer 1957 begonnenen Kundfahrten wurden fortgesetzt, mit zunehmend verbesserten und den Banater Verhältnissen angepassten Fragebögen, es entstanden die ersten Abschlussarbeiten zu Banater Ortsmundarten, von denen es im Laufe der Jahrzehnte dann um die 200 werden sollten, bis heute wichtige Quelle für das Banater Wörterbuch. Peter Kottler hielt ab dem Studienjahr 1969/70 und dann dreieinhalb Jahrzehnte hindurch eine Vorlesung zur deutschen Dialektologie, über die vor allem interessierte Studenten für neue Abschlussarbeiten akquiriert wurden, und Johann Wolf begann die Arbeit an seiner *Kleinen Banater Mundartenkunde*, 1975 erschienen[14] und schließlich erweitert als *Banater deutsche Mundartenkunde* im Jahre 1987.[15] Die zentrale Frage der Banater Mundartforschung war und blieb die „Einteilungsfrage", also die Frage der dialektgeografischen Zuordnung der Banater deutschen Ortsdialekte zu den Dialekträumen des binnendeutschen Herkunftsraums. Am Beginn stand hier Erich Lammert, der schon 1957 eine erste Einteilung entworfen hatte mit allem, was man bis dato über Deutsch im Banat wusste. Die Zuordnung zu den Dialektregionen und -kennzeichen des Herkunftsraums erwies und erweist sich gleichsam als Lackmustest der Banater Dialektologie, denn im Banat haben wir es großteils mit neu gemischten Dialekten zu tun, kaum einmal mit dorthin transponierten originalen Ortsdialekten des Binnenraums. Mit dem durch Kundfahrten und Abschlussarbeiten zunehmend bereicherten Wissen entstand gegen Mitte der sechziger Jahre eine erste diesbezügliche Karte, dann 1968 erstmals veröffentlicht, in der Folgezeit weiter verbessert und dann schließlich 1975 von Peter Kottler in eine Form gebracht, die fortan als Grundkarte weiterer Forschung dienen konnte, auch des späteren Wörterbuchs. Diese sogenannte *Kottler-Karte* diente und dient auch mir und uns vom Adalbert-Stifter-Institut des Landes Oberösterreich in Linz bei unserer seit gut einem Jahrzehnt laufenden Aufnahmearbeit zu den bairischen und im weiteren Sinne bairisch geprägten Ortsdialekten des Banats, vor allem im Banater Bergland, weiterhin als erster Ansatz für unsere Feldforschung (Abb. 6).

---

14 Wolf, Johann: *Kleine Banater Mundartenkunde*. Kriterion Verlag: Bukarest 1975.
15 Wolf, Johann: *Banater deutsche Mundartenkunde*. Kriterion Verlag: Bukarest 1987.

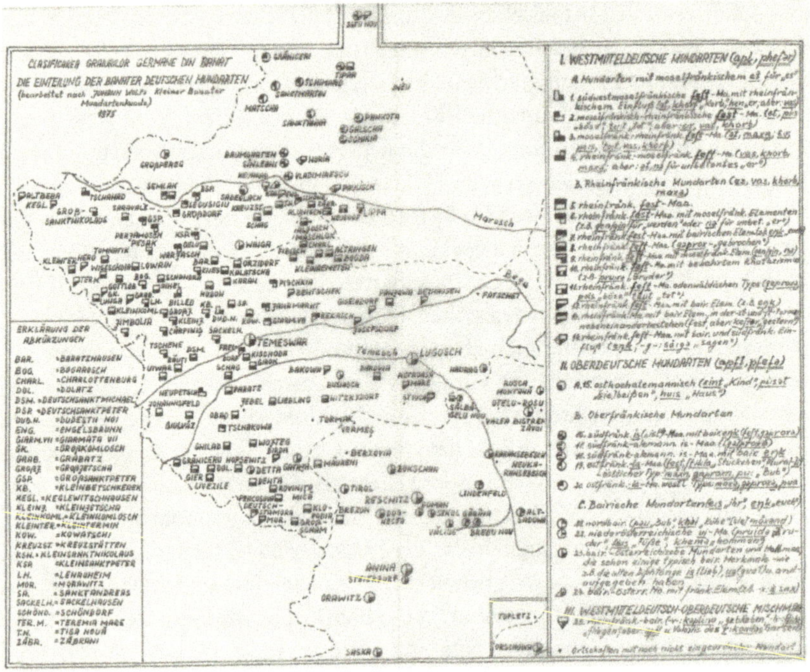

Abb. 6: Einteilungskarte der Banater deutschen Mundarten von Peter Kottler

Die Karte als solche bietet ein Kondensat aus Dutzenden Abschlussarbeiten und Überlegungen vor allem der zwei vorangegangenen Jahrzehnte und zeigt uns die gängige und mittlerweile zufriedenstellende Einteilung der deutschen Mundarten des rumänischen Banats in westmitteldeutsche und oberdeutsche Dialekte, Erstere wieder hauptsächlich untergliedert in moselfränkisch und rheinfränkisch bestimmte bzw. dominierte Mundarten, Letztere untergliedert in alemannische, hierzu einzig Saderlach/Zădăreni, ostfränkische und bairische, und schließlich auch noch ein paar mitteldeutsch-oberdeutsch gemischte und auch noch nicht entschiedene Mundarten. Wie kompliziert und aufwändig es ist, Banater Dialekte zu klassifizieren, vermag ein Blick auf die Legende zu bieten. Wie aufwändig es angesichts der politischen Rahmenbedingungen war, die Karte überhaupt zu erstellen und dann zu veröffentlichen, hat Peter Kottler wohl nicht nur mir mehrfach geschildert. Es ging vor allem um die Form der Ortsnamen, die einmal deutsch sein durften und einmal nicht, in vielen Fällen wohl nicht nachvollziehbar und ewiges Geheimnis der Securitate blieb. Man beachte zum Beispiel Oțelu Roșu, früher Ferdinand, dann Ferdinandsberg – hier mag man sich noch einen Grund vorstellen, warum nur der rumänische Name bleiben durfte –, doch warum auch im Falle von Franzdorf/Văliug, Wolfsberg/ Gărâna und Weidenthal/Brebu Nou? Einzig Lindenfeld durfte so stehen, das nie einen rumänischen Namen erhalten hatte, und wohl deswegen auch Liebling und Gottlob und ein paar weitere. Die Karte findet sich, im Jahre 2012 namenmäßig normalisiert und geregelt, auch im ersten Band des Wörterbuchs,[16] und überhaupt haben Alwine Ivănescu und Mihaela Șandor mittlerweile zeitgemäße Karten der Banater deutschen Mundarten erstellt, doch ist die *Kottler-Karte* wohl ein Zeitdokument für sich.

Zeitdokument ist letztlich auch das Banater Wörterbuch, das zunehmend in den Mittelpunkt der dialektologischen Arbeit in Temeswar rückte. Ihm waren Phasen der Produktivität und Aktivität gegönnt, aber auch Phasen der Behinderung missgönnt. Es überhaupt ins Auge zu fassen entstand als Idee seit Ende der sechziger Jahre, ausgehend vom vielen Wortmaterial, das man über zahlreiche Fragebogenenqueten mithilfe der Studenten schon gesammelt hatte und laufend sammeln konnte. Von 1973 bis 1983 stand ein obligatorisches Fachpraktikum im Lehrplan und neben Wochen als Erntehelfer in der Landwirtschaft konnte es für interessierte Studenten auch für Dialektaufnahmen genutzt werden, was einen insgesamt beachtlichen und beträchtlichen Zuwachs an Belegen ergab. Die schlechten Zeiten begannen 1983, als das Geld für diese Kundfahrten gestrichen wurde, und so richtig 1985, als Deutsch als erstes Fach aufgelöst wurde. Das Praktikum musste ja im Erstfach abgeleistet werden. Dies geschah vor dem Hintergrund einer allgemeinen Reduzierung des Fremdsprachenunterrichts und vor dem noch größeren politischen Hintergrund eines von Nicolae und – besonders den Bildungsbereich betreffend – Elena Ceaușescu zunehmend in das Chaos gestürzten Rumäniens. Während immer irrwitzigere Einschränkungen in der Zensur die Arbeit erschwerten, Mitarbeiter zunehmend im Zuge des Freikaufs in die Bundesrepublik Deutschland auswanderten, sollte andererseits, von der Universitätsleitung angeordnet, ein Buchstabe pro Jahr bearbeitet werden, angesichts der vielen Einschränkungen, z. B. auch in puncto zur Verfügung stehender Fachliteratur, sprich vor allem: deutscher Dialektwörterbücher, ein unmögliches Unterfangen.

Die politische Wende von 1989 hat dies alles beseitigt, doch, wir wissen es, andere Nöte tauchten auf. Potenzielle Mitarbeiter genauso wie Gewährspersonen und Studenten verließen scharenweise das Land, die rumänische Wirtschaft

---

16 WBDM, Bd. I, S. LX.

brach über weite Strecken zusammen. Das Banater Wörterbuch überlebte am seidenen Faden, mit vor allem bundesdeutschem Sponsorengeld und mit Peter Kottler als Einzigem vom früheren Team verbliebenen Mitarbeiter. Seinem unermüdlichen Einsatz ist es in weiterer Folge zu verdanken, dass es weiterging, dass neue Mitarbeiterinnen seit dem Ende der neunziger Jahre die eigentliche Erstellung des Wörterbuchs zunehmend übernahmen. Peter Kottler konnte letztlich vom kurz vor seinem Tod erschienenen ersten Band nur einen kleinen Teil erarbeiten, den weitaus größeren Teil bearbeiteten Ileana Irimescu, Alwine Ivănescu, Eveline Hâncu und Mihaela Şandor. Doch ohne Peter Kottler wäre es sicher nie dazu gekommen.

Die dialektologische Erforschung des Banats in ihrer zweiten, Temeswarer Phase ab 1957 betrifft, dies sei hier noch einmal in Erinnerung gerufen, nur das mittlere und östliche Drittel des ganzen Banats, das ja seit alters her die Landschaft zwischen Marosch, Theiß, Donau und Karpaten darstellt. Verkürzend ist hier und immer vom Banat die Rede und nur sein rumänischer Anteil ist gemeint. Peter Kottler hat dies im Banatschwäbischen Wörterbuch in Erinnerung gerufen, zugleich aber zugestehen müssen, dass die politischen Umstände nach 1945 es nie und nimmer zugelassen hätten, von der Banater Hauptstadt Temeswar aus das westliche, nunmehr serbische Banat zu beforschen. Dies wäre heute wieder möglich und doch auch nicht. Im Rahmen der seit 2006 laufenden Forschungen zum Deutschen im Banater Bergland der Einrichtung Sprachforschung im Adalbert-Stifter-Institut des Landes Oberösterreich in Linz konnten wir letztlich wenigstens auch eine Spracherhebung von Werschetz abschließen. Wir freuen uns jedenfalls, dass das rumänische Banat – trotz aller hier beschriebenen Widrigkeiten – so gut erforscht ist und dies dank der Beharrlichkeit von Leuten wie Peter Kottler. Um sich kompakt und fundiert zur deutschen Siedelgeschichte und Dialekteinteilung des rumänischen Banats zu informieren, sei hier Kapitel 2 der Einleitung zum Wörterbuch empfohlen, knapp 30 Seiten umfassender Information, geschrieben von Peter Kottler in seinen letzten Lebensjahren, basierend auf der Erfahrung eines der deutschen Sprache des Banats gewidmeten Forscherlebens.[17]

Weit über das Banat hinaus weist der zweite Schwerpunkt des Wissenschaftlers Peter Kottler, die intensive Befassung mit der in Rumänien gebrauchten deutschen Hochsprache vor allem im schriftlichen Gebrauch und hier vor allem wieder in der rumäniendeutschen Presse, die damals, vor 40 Jahren, auch noch umfänglich als Untersuchungsgegenstand zur Verfügung stand. Die auch im

---

17 WBDM, Bd. I, S. XXIX–LX.

deutschen Binnenraum in den siebziger Jahren erwachende Aufmerksamkeit für die Vielfalt des Deutschen auch auf hochsprachlicher Ebene – Stichwörter: Varietäten des Deutschen oder Plurizentrizität –, verbunden mit Namen wie Peter von Polenz, Ingo Reiffenstein und später dann Ulrich Ammon, hat davon keine Notiz genommen. Zu sehr noch war auch in der Wissenschaft der Gedanke der wahren und einzigen Norm und Richtigkeit der deutschen Hochsprache vorherrschend, und wie auch sollte man auf Artikel aufmerksam werden, erschienen in Bukarester oder Temeswarer Universitätsreihen im damals noch abgeriegelten sozialistischen Rumänien. Erst in den neunziger Jahren ist Ulrich Ammon aufgefallen, dass auch in Rumänien eine große und eigenständige Tradition deutscher Schriftlichkeit (und natürlich auch hochsprachlicher Mündlichkeit) existiert, damals in ihren Wortbeispielen von ihm noch mit dem holprigen – und das Banat natürlich übergehenden und übersehenden – Terminus *Transsylvanismen* versehen,[18] und erst in den letzten Jahren hat insbesondere Ioan Lăzărescu dieses Thema salonfähig gemacht und auch rumänische Germanisten zunehmend für die Akzeptanz der heimischen deutschen Sprache sensibilisiert.[19]

Peter Kottler hat im Jahrzehnt zwischen 1976 und 1986 in einer ganzen Reihe von Artikeln und Vorträgen die deutsche Hochsprache in Rumänien thematisiert, wobei durchaus auch bei ihm selbst eine leichte Entwicklung zu zunehmender Toleranz und Akzeptanz der eigenen Sprache gegenüber feststellbar ist. Denn über allem stand in dieser Zeit – und bei manchen wohl bis heute noch – gleichsam ein argumentatives Damoklesschwert oder auch Totschlagargument –, nämlich der Begriff *Interferenz*. Interferenz ist im Deutschen Rumäniens sicherlich gegeben, doch stellt sich die Frage, wie diese zu bewerten ist. Auch gemeindeutsche Wörter wie *Chauffeur* oder *Handy*, Letzteres bekanntlich auf ganz subtile Weise, beruhen auf Interferenz, doch sind auch sie Fehler, wie man das so gerne und sogleich bei vergleichbaren Erscheinungen im Deutschen Rumäniens sieht? Die Standardinterpretation spricht von „Interferenz als Verletzung der Norm einer Sprache unter dem Einfluß einer anderen Sprache", so formuliert von Peter Kottler selbst beim Dritten Kolloquium zur deutsch-rumänischen kontrastiven

---

18 Eigentliche Erfinderin des Terminus war seine Schülerin Brunhilde Böhls.

19 Dazu exemplarisch Lăzărescu, Ioan: „*Rumäniendeutsch* – eine eigenständige, jedoch besondere Varietät der deutschen Sprache". In: Schneider-Wiejowski, Karina/ Kellermeier-Rehbein, Birte/Haselhuber, Jakob (Hrsg.): *Vielfalt, Variation und Stellung der deutschen Sprache*. Walter de Gruyter: Berlin/New York 2013, S. 371–391.

Grammatik in Hermannstadt im Mai 1980.[20] Der Begriff kommt vor allem aus der Fremdsprachdidaktik und die dafür stehenden Beispiele schreien förmlich danach, „ausgemerzt" zu werden, denn sie widersprechen den Postulaten Norm und Reinheit. Kottler spricht davon, man sei im Hochsprachgebrauch „bestrebt, an der relativ vereinheitlichten Norm der deutschen Hochsprache festzuhalten", es gebe ein „bewußtes Streben nach Normgerechtheit". Dass solches nur schwer mit dem vielfach zumindest zweisprachigen Alltag in Rumänien in Einklang zu bringen ist, konstatiert Petru Kottler schon in seinem ersten Beitrag zum Thema, erschienen 1976 in den *Studii de Lingvistică* der Temeswarer Universität unter dem Titel *Interferenţe lexicale româno-germane în presa de limbă germană din R. S. România*, wo es heißt: „[...] astăzi marea majoritate a germanilor din ţara noastră – cei sub cincizeci de ani aproape fără excepţie – să fie bilingvi."[21] Hier mag man schnell auch an Peter Kottlers eigene Mutter denken, die seiner Aussage nach nur kaum bis nicht Rumänisch beherrschte, mehr aber einfach an den realen Alltag mit zwei Muttersprachen, wie er auch das Leben der Deutschen Rumäniens prägt. Hier angesichts der vorherrschenden Beeinflussung der im Alltag in geringerem Ausmaß verwendeten Muttersprache durch die dominierende Staatssprache von Fehlerhaftigkeit zu sprechen, kann letztlich nur eine Sache von Gebrauch, Gewohnheit und Akzeptanz sein, auch – denn das spielt bei den binnendeutschen Varianten vor allem in der Schweiz und in Österreich eine bedeutende Rolle – der eigenen Identität. Wenn man sich weiterhin als deutsche Sprachgemeinschaft Rumäniens sehen will, denke ich, sollte man die eigenen sprachlichen Formen auch als spezifisch und positiv konnotierte Charakteristika sehen und nicht als Abweichungen oder gar als Fehler. Dass sich zusätzlich zur deutsch-rumänischen Zweisprachigkeit eine gewisse deutschdeutsche Zweisprachigkeit ergibt, ist dabei selbstverständlich und ein weiterer Farbtupfer einer letztlich doch bereichernden Plurikulturalität. Rumäniendeutsche sprechen zu Hause vom *Bakkalaureat* und in Deutschland vom *Abitur*, vielleicht auch in Österreich und in der Schweiz von der *Matura* so wie Südtiroler zu Hause vom *Hydrauliker* und Nordtiroler vom *Installateur* sprechen. Das ist bunt, doch nicht normverletzend.

---

20 Kottler, Peter: „Syntaktische Interferenzen in der rumäniendeutschen Pressesprache." In: Isbăşescu, Mihai/Engel, Ulrich (Projektleiter): *Beiträge zur deutsch-rumänischen kontrastiven Grammatik. Drittes Kolloquium des Kollektivs zur DRKG. Sibiu, 16.-17. Mai 1980.* Bd. I. Bukarest 1981, S. 179–184.

21 Kottler, Petru: „Interferenţe lexicale româno-germane în presa de limbă germană din R.S.România." In: Craşoveanu, Dumitru/Bucă, Marin (Hrsg.): *Studii de Lingvistică.* Universität Temeswar 1976, S. 49–57.

Peter Kottler hat sich in einer 26-teiligen Artikelserie im *Kulturboten* der *Neuen Banater Zeitung* (NBZ) zwischen April 1976 und Oktober 1977 ausführlich mit deutsch-rumänischen Wortinterferenzen befasst, beginnend am 29. April 1976 unter der Überschrift *„Planifizieren" oder „planen"?*.[22] Das Korrekturprogramm von WORD hat in meinem Typoskript *planifizieren* sogleich rot unterwellt. Im Folgenden einfach eine kleine und auch willkürliche Auswahl, Ihnen vorgelegt, zu Ihrer eigenen Vergegenwärtigung und auch Bewertung. Was ist hier *falsch* oder *abweichend* oder vielleicht *typisch, charakteristisch* usw. und könnte gar manches so typisch und für die Selbstvergewisserung unverzichtbar sein wie für viele Österreicher der *Jänner* und der *Schlagobers*?

planifizieren	*a planifica*
der Film hat/ist gerollt	*filmul a rulat*
promovieren	*a promova*
Promotion	*promoţie*
Amphitheater	*amfiteatru*
Dramaturg	*dramaturg*
Formation	*formaţie*
Fragment	*fragment*
Medium	*mediu*
Stundenplan	*orar*
Programm	*program*
Akt	*act*
Nicht geh weg!	*Nu pleca!*
Transylvanien	*Transilvania*
Muskelfieber	*febră musculară*

Es ist anzunehmen, dass der größere Teil rumäniendeutscher Leser dieses Beitrags, *fragmentul mai mare*, sich die deutschen Wörter und Wendungen genauso gut aus der täglichen Lebenswelt heraus vergegenwärtigen kann wie die entsprechenden rumänischen Wörter und Wendungen. Ich nehme auch an, weil diese ja größtenteils Germanisten sein dürften, dass sie über je kleinere oder größere Bedeutungsumfänge in den beiden Sprachen reflektieren können oder schon einmal reflektiert haben und ihnen diese auch bewusst sind, sie, wenn sie sich im deutschen Binnenraum aufhalten, solche Wörter gleichsam mit einer

---

22   Kottler, Peter: „„Planifizieren' oder ‚planen'? Rumänisch-deutsche Sprachinterferenzen veranschaulicht durch Beispiele aus unserer Presse". In: *Neue Banater Zeitung* Nr. 4170 v. 29.04.1976, *NBZ-Kulturbote*, S. 2–3.

anderen Matrix in ihrem Kopf verwenden, als wenn sie in Rumänien sind und
mit Personen reden, die, wie sie, genauso gut auch Rumänisch sprechen und –
vor allem – auch denken könnten.

Manche dieser Wörter sind, obwohl Ihrer Form nach gleich, leicht auseinanderzuhalten, weil sie tatsächlich einfach unterschiedliche Bedeutungen haben.
Ein paar Beispiele, mit dem schon gebrauchten *Fragment* beginnend: Ein *Fragment* ist im Deutschen ein *Bruchstück*, etwas Unvollendetes, nicht einfach nur
ein Stück oder Teil. Ich entnehme die Definitionen im Folgenden einfach dem
DEX, dem renommierten *Dicţionar explicativ al limbii române*. Dort heißt es bei
fragment: *bucată, parte [...] dintr-un tot*[23], bei *promova* finden wir: *a ridica [...]
pe cineva în funcţie, [...] a declara pe cineva absolvent al unui an de învăţământ,
permiţându-i trecerea în anul următor*[24], bei *promoţie*: *serie de absolvenţi a unei
şcoli, a unei facultăţi etc., totalitatea persoanelor care absolvă în acelaşi an un
ciclu de învăţământ*[25], bei *dramaturg*: *autor de piese de teatru*[26] und wir können
mit Peter Kottler einer Meinung sein, dass „die Bedeutungen dieses Wortes in
den beiden Sprachen in keiner Situation einander entsprechen.“[27] Schwerer
auseinanderzuhalten mögen da schon Wörter sein, die in Teilen sehr wohl einander entsprechen. Auch im Rumänischen kann ein *amfiteatru* ein deutsches
Amphitheater sein, auch ein *program* ein *Programm*. Und natürlich scheiden
sich die Geister an Fügungen wie *Nicht geh weg!, ein Film rollt* oder am *Muskelfieber*. Sobald man den rigiden Standpunkt verlässt, richtig deutsch sei nur,
was im deutschen Binnenraum gültig und möglichst auch noch entsprechend
kodifiziert ist, gibt es wohl keine Maßregel mehr, nach der die hier vorgestell-
ten, zufällig gewählten Beispiele zu beurteilen und zu klassifizieren wären, die
einen ausgesondert, die anderen als rumäniendeutsch anerkannt werden sollten. Wie überall in sprachlichen Bewertungen sind die Motive, etwas zuzulassen
oder nicht, rational nicht wirklich erklärbar. Sie basieren letztlich auf Faktoren
wie der Häufigkeit des Gebrauchs, des Verzeichnet- und Diskutiertwerdens im
sprachwissenschaftlich-lexikografischen Diskurs und vielem anderen mehr.

---

23 DEX. *Dicţionarul explicativ* al *limbii române*. Academia Română. Institutul de lingvis-
    tică „Iorgu Iordan Al. Rosetti“. 2., durchges. u. ergänzte Auflage. Univers Enciclope-
    dic: Bukarest 2016, S. 447.
24 DEX, S. 976.
25 DEX, S. 976.
26 DEX, S. 359.
27 Kottler, Peter: „Was ist ein ‚Dramaturg‘? Rumänisch-deutsche Sprachinterferenzen in
    unserer Presse (VII)“. In: *Neue Banater Zeitung* Nr. 4277 v. 02.09.1976, *NBZ-Kulturbote*,
    S. 2–3.

Auch wird nicht bei allen Sprachbenutzern Gleichförmigkeit des Denkens und Wertens erreicht werden können. *Transylvanien* mit nur einem *s* zu schreiben, ist eine lässliche Sünde und keiner wird sein Herz dran hängen, doch für viele ist das *Muskelfieber* so selbstverständlich – und im Übrigen in einen größeren entsprechenden Sprachkulturraum eingebettet, man vergleiche ungarisch *izomláz* zu *izom* ,Muskel' und *láz* ,Fieber' –, dass sie nur widerwillig sehen wollen, dass der *Muskelkater* richtiger oder normgerechter wäre als das *Muskelfieber*. So sind meinem Dafürhalten nach Beispiele wie *Muskelfieber, Programm* oder *Amphitheater* doch im Deutschen Rumäniens allgemein akzeptierte Termini, weshalb sollten sie ge- oder vermieden werden? Und Gleiches gilt für manche, die Peter Kottler vor vierzig Jahren noch nicht kannte oder kennen konnte wie die von Ioan Lăzărescu und mir gern und oft zitierten *kompensierten Medikamente* oder auch die *ultrazentral* gelegene Wohnung der Wohnungsanzeigen. Wohnungssuchende in einem freien Markt gab es in der SRR[28] nicht, dafür aber manche sozialistische Terminologie, die natürlich in Kottlers Artikel verzeichnet, mittlerweile aber hinfällig geworden ist.

Komplexer und komplizierter sind schon morphologisch-syntaktische Fälle, die Frage zum Beispiel, ob man *sich* bei einer Zeitung *abonnieren* kann, ob *sollen* statt *werden*, wohl unter subtilem, aber mächtigem Einfluss der massiven Verwendung des Subjunktors *să* im Rumänischen zu erklären, nun falsch und unangemessen sei oder einfach nur rumänienspezifisch. Auch dazu hat Peter Kottler im Laufe des besagten Jahrzehnts eine Fülle an Beispielfällen zusammengetragen, aus der ganzen ihm damals zur Verfügung stehenden rumäniendeutschen Presse. Insofern ist das schon ein wissenschaftsgeschichtliches Dokument für sich. Wir können heute Zusätzliches mit neueren Methoden, z. B. des einfachen, durch den Computer leicht bewerkstelligten Zählens, als spezifisch rumäniendeutsch erweisen, z. B. den ganz eklatant mehrheitlich rumäniendeutschen Gebrauch der Konjunktion *obschon* – natürlich im Deutschen auch des Binnenraums vorhanden, doch mittlerweile vor allem von *obwohl* an den Rand gedrängt –, doch die Grundlagen der Befassung mit der deutschen Hochsprache in Rumänien in ihrem Kontakt mit der Mehrheitssprache Rumänisch hat gewiss Peter Kottler gelegt. Er hat gegen Ende seiner intensiven Beschäftigung mit der Thematik auch zunehmend die historischen Bedingungen der Entstehung und der Zusammensetzung von rumänischem Deutsch erkannt, so vor allem neben der deutsch-rumänischen Interferenz die Tatsache der historischen Schichtung mit älterem österreichischen Einfluss – man denke nur an die

---

28 SRR = Sozialischte Republik Rumänien.

küchensprachlichen Einflüsse oder an Wörter wie *heuer, Rauchfang* oder *Spital* – und die damals neueren Einflüsse aus dem Deutschen der DDR. An diese haben manche dann bundesdeutschen Einflüsse nahtlos anschließen können, und neben einem kleinen, quasi autochthonen Anteil, wie er sich vor allem in Siebenbürgen zeigt, Wörter wie *Schmutzkorb* oder *Aufboden*, scheint in diesen Jahren die Hochsprachvariante *rumänisches Standarddeutsch* doch zunehmend Akzeptanz zu finden.

So hat Peter Kottler Bedeutendes zur Erforschung der Banater Regionalität des Deutschen beigetragen ebenso wie der gesamtrumänischen bis gesamtdeutschen Überregionalität und gleichzeitig spezifischen Charakteristik des Deutschen in Rumänien. Er hat dies mit Schwerpunkt und Lebensmittelpunkt Temeswar geleistet, mit nicht nur zuweilen, sondern lange Jahrzehnte im kommunistischen Rumänien doch auch dürftigen und unzureichenden Mitteln und Möglichkeiten. Er war aber nicht auf materielle Ausstattung angewiesen, um Generationen von Studenten an der Universität, dann West-Universität Temeswar, an der er gelernt und gelehrt hat, zu begeistern. Insofern sollte in diesem Sammelband zum sechzigjährigen Bestehen der Temeswarer Germanistik noch einmal an ihn erinnert werden.

Literatur

DEX. *Dicționarul explicativ* al *limbii române*. Academia Română. Institutul de lingvistică „Iorgu Iordan Al. Rosetti". 2., durchges. u. ergänzte Auflage. Univers Enciclopedic: Bukarest 2016.

Kottler, Peter: „Rückblick auf 50 Jahre Germanistik an der West-Universität Temeswar". In: Fassel, Horst/Nubert, Roxana (Hrsg.): *50 Jahre Temeswarer Germanistik. Eine Dokumentation*. Verlag Ebner: Deggendorf/Tübingen 2008, S. 14–24.

Kottler, Peter: „Syntaktische Interferenzen in der rumäniendeutschen Pressesprache." In: Isbășescu, Mihai/Engel, Ulrich (Projektleiter): *Beiträge zur deutsch-rumänischen kontrastiven Grammatik. Drittes Kolloquium des Kollektivs zur DRKG. Sibiu, 16.-17. Mai 1980*. Bd. I. Bukarest 1981, S. 179–184.

Kottler, Petru: „Interferențe lexicale româno-germane în presa de limbă germană din R.S. România." In: Crașoveanu, Dumitru/Bucă, Marin (Hrsg.): *Studii de Lingvistică*. Universität Temeswar 1976, S. 49–57.

Kottler, Peter: „‚Planifizieren‘ oder ‚planen‘? Rumänisch-deutsche Sprachinterferenzen veranschaulicht durch Beispiele aus unserer Presse". In: *Neue Banater Zeitung* Nr. 4170 v. 29.04.1976, *NBZ-Kulturbote*, S. 2–3.

Kottler, Peter: „Was ist ein ‚Dramaturg'? Rumänisch-deutsche Sprachinterferenzen in unserer Presse (VII)". In: *Neue Banater Zeitung* Nr. 4277 v. 02.09.1976, *NBZ-Kulturbote*, S. 2–3.

Lăzărescu, Ioan: „*Rumäniendeutsch* – eine eigenständige, jedoch besondere Varietät der deutschen Sprache". In: Schneider-Wiejowski, Karina/Kellermeier-Rehbein, Birte/Haselhuber, Jakob (Hrsg.): *Vielfalt, Variation und Stellung der deutschen Sprache*. Walter de Gruyter: Berlin/New York 2013, S. 371–391.

Pichotta, Sören: *Schicksale. Deutsche Zeitzeugen in Rumänien – Lebensmut trotz Krieg, Deportation und Exodus*. Schiller Verlag: Hermannstadt/Bonn 2013, S. 142–159.

Wolf, Johann: *Banater deutsche Mundartenkunde*. Kriterion Verlag: Bukarest 1987.

Wolf, Johann: *Kleine Banater Mundartenkunde*. Kriterion Verlag: Bukarest 1975.

Wörterbuch der Banater deutschen Mundarten. Band I (A-C). Begründet vom Temeswarer Lehrstuhl für Germanistik. Bearbeitet von: Peter Kottler (A – abends), Ileana Irimescu (abhalten – Alkohol), Alwine Ivănescu (all – Axthaus), Eveline Hâncu (B – Bodega), Mihaela Şandor (Abendschule – abhalftern, Boden – Csárdás). IKGS Verlag: München 2013.

Sorin Gădeanu

Die Stunde Null der Banater Literatur, item Eine Hommage an Peter Kottler, Bürger *der Statt und Vestung Temeswar*

Ich suche einen Germanisten!

Ich suche einen Germanisten, der systematisch „korrekt" – was immer das auch heißen mag – althochdeutsche Texte im Seminar vorträgt und diese locker aus dem Stegreif übersetzt, der aber gleichzeitig auf dem aktuellsten Stand mit den neuesten Forschungen zum sozialkritischen Charakter der Lyrik Brechts ist.

Ich suche einen Germanisten, der im Seminar Ablautreihen wie im Traum und im Singsang aufsagt und diese seinen Studenten erklärt, der aber ebenso Passagen aus Goethes Faust mit strahlenden Augen und mit einer mitreißenden Begeisterung auswendig rezitiert.

Ich suche einen Germanisten, der sich fachkompetent zu Heinrich Bölls Erzähltechnik äußern kann und der im nächsten Atemzug mundartliche Beweisstücke vom Feinsten liefert, um die Disposition Banater Dialektkarten zu erläutern.

Ich suche einen Germanisten, der in einer Vorlesung zur Vergleichenden Grammatik der germanischen Sprachen (ja, so etwas lehrte und lernte man tatsächlich noch an (m)einer Temeswarer Provinzuni bis knapp vor der Jahrtausendwende dank Peter Kottler!) voll aus Brugmann und Delbrücks *Grundriß der vergleichenden Grammatik der indogermanischen Sprachen* zu schöpfen vermag, dem aber die Gegenwartserscheinungen des Deutschen nicht fremd sind und der sein Interesse dafür in der Sprachkontaktforschung auslebt.

Ich suche einen Germanisten, dem die dialektologische Kleinstarbeit an den Zettelkästen und die Feldforschung nicht zur Last wird, sondern ihn beflügeln und begeistern.

Ich suche einen Germanisten, der mit absoluter Selbstverständlichkeit darauf besteht, dass das Lesen von Frakturdrucken und die Entzifferung von Kanzleihandschriften für einen Absolventen unseres Faches einfach ein Muss sei, einen Germanisten, der Wege und Mittel findet, um diese Ansicht auch in sein Curriculum einzubauen.

Ich suche einen Germanisten, der trotz vielfältiger Aufgaben immer wieder Zeit für die langsameren und weniger bewanderten Studierenden findet und diesen mit einem Respekt begegnet, der über das Berufliche hinaus von tiefer menschlicher Güte spricht.

Ich suche einen Germanisten, der gleichermaßen souverän im älteren und im neueren Fach, in der synchronen und diachronen Sprachwissenschaft bewandert ist.

Ich weiß aber, dass Peter Kottler der letzte dieser Art war. Ehrfurchtsvoll nannten ihn seine rumänischen, deutschen und österreichischen Fachkollegen eine „wandelnde Enzyklopädie". Für uns, für seine Schüler, war er ursprünglich ein Vorbild, das sich auf unserem wissenschaftlichen Werdegang zum Maß der Dinge entwickelte: Peter Kottler alleine hätte ich ein Typoskript abgenommen und unmittelbar in Druck geschickt, ohne es nochmals gegenzulesen, denn ihm alleine von vielen Germanisten hätte ich immer wieder einen druckreifen Text zugetraut. Mir allerdings nicht.

Deswegen widme ich also dem großen Germanisten, meinem verehrten akademischen Lehrer Peter Kottler, nachstehenden vollständigen Erstnachdruck des frühesten in der Österreichischen Nationalbibliothek auffindbaren Werkes über die *Statt und Vestung Temeswar* aus dem Jahre 1596.[1] In der Entstehungschronologie der Drucktexte über das Banat scheint dieses Werk bislang das älteste zu sein. Deswegen ist es durchaus ein Referenztext mit Identitätspotenzial für die Banater deutschsprachige Literaturgeschichte.

Ich wünsche mir, dass Peter Kottlers Schriften die Zeit genauso gut wie dieses Referenzwerk überstehen und dass sie diesem in ihrer Bedeutung und Wirkung nicht nachstehen.

[S. 1]

Neue Siebenbürgische Victorien/Mancherley Treffen/Schlachten/
Einnam und Christliche uberwindungen.
Das ist/wie der Durchleuchtig Hochgeborn Fürst
und Herr in Siebenbürgen/&. die herrliche Statt und Vestung Temes=
war zuvor aber die Statt Ferolack/auch die Statt Conad/inn diesem gegenwärti-
gen Iunio/
mit Ritterlicher Heldens handt gewaltigklich erobert und eingenommen/auch in
etlichen vnter=
schiedlichen auch treffen bey *30000.* Türcken und Tataren erlegt/darunter
der Tarta=
rische Kayser gefangen/der Siebenbürgischen aber auch *6000.*

---

1 Gedruckt mit der freundlichen Genehmigung der Österreichischen Nationalbibliothek.

33. K. 54.

Neue Siebenbürgische Victorien/Mancherley Treffen/Schlachten/Künnam vnd Christliche vberwindungen.

Das ist/wie der Durchleuchtig Hochgeborn Fürst vnd Herr in Siebenbürgen/etc. die herrliche Statt vnd Vestung Temes=war/zuvor aber die Statt Jerolack/auch die Statt Conad/inn diesem gegenwertigen Junio/ mit Ritterlicher Heldens haudt gewaltiglich erobert vnd eingenommen/auch in etlichen vnter= schiedlichen treffen bey 30000. Türcken vnd Tartara erlegt/darunter der Tarta= rische Kayser gefangen/der Siebenbürgischen aber auch in 6000. auff der Walstaten blieben.

Dergleichen wie die Erlauer vnd Palfische Soldaten/so woln die Co= morier/dem Türcken 200000. Ducaten/vnd Hasan Bassa auff den todt verwundt/ auch etlich Wägen Proviant vnter Ofen genommen/die darbey wesenden Türcken mehrertheils erschlagen.

Auch wie 2 1000. Türcken die Vestung Jact in Persia vberfallen/aber von den Persianern 14000. Türcken nidergehauti/vnd was sich sonsten zu Constantinopel/dergleichen andera Türckischen orten/mit wunderlichen/Cometen/Stimm auß den Wolcken vnd Erdbiden/alles in kurtzverruckter zeit begeben vnd diß 1596. Jar zugetragen hat.

Der Tartarische Kayser vom Fürsten in Siebenbürgen gefangen.   Hasan Bassa in der Schlacht auff den todt verwundt.

Abb. 1: Der Tartarische Kayser vom Fürsten in Siebenbürgen gefangen.   **Abb. 2:** Hasan Bassa in der Schlacht auff den todt verwundt.

auff der Walstaten blieben.
Dergleichen wie der Erlauer und Palfische Soldaten/so woln die Co=
morier/dem Türcken *200000*. Ducaten/und Hasan Bassa auff den todt verwundt/
auch etlich Wägen Proviant unter Ofen genommen/die darbey wesenden
Türcken mehrertheils erschlagen.

Auch wie 21000. Türcken die Vestung Jaet in Persia uberfallen/aber von den Persianern
14000. Türcken niedergehaut/und was sich sonsten zu Constantinopel/derglei-
chen
andern Türckischen orten/mit wunderzeiche/Cometen/Stimm auß den
Wolcken und Erdbiden alles in kurzverruckter Zeit begeben
Und diß *1 5 9 6*. Jar zugetragen hat.
Mit was Victori vnd erhaltenem Sieg von Lippa/ [S. 1v.]
Der Durchleuchtig hochgeborenen Fürst vnnd Herr/Herr Si=
gismundus/des H. Römischen Reichs/inn Siebenbürgen/
Walachen und Moldaw Fürst etc. dem Türcken vnd Tar=
tarn/siegreichen widerstand gethan/auch was sich in deß Fein=
des abzug vnnd flucht daselbsten begeben/dergleichen wie sich in der Feind zu
Temeswar salvirt/ist meiniglich kundbar und wissent.
Derwegen kann hochermeldter Fürst/den *4*. Junij mit seine Kriegs=
volck vor Lippa auffgebrochen/vnnd seinen weg auff das Castell Ferolack
bey drey meiln vor Lippa gelegen/genommen/welches auß beselch hocher=
meldten Fürstens auffgefordert/alsbalden *16*. große stuck darfür gestelt/vnn
bey *20*. Schüssen uff gedachtes Castell gethan worden/hierauff die darinn
wesenden Türcken genad zu parlamentiren begert/mit flehentlicher bitt/
sie mit iren gütern und wehren abzuziehen lassen/welchs inen aber nicht ge=
willigt/sondern allein für ir person bloß fort zupassiren gestattet/welchs also
geschehen/vnd alles was inn disem Castell gewest/haben jr F. G. den Tra=
banten vbergeben/friedlich vnd einig miteinander zutheilen/als dann nach
notturft mit guten Kriegs Soldaten besetzt/vnd hernacher auch Conadt
3. meil von Ferolack in seinen gewalt gebracht:
    Zwischen dessen haben sich etliche Tattarn/deren biß in *5000*. gewest/
auff einen straiff zusamm geschlagen/und nach Luggas begeben/in meinung
dieselben Vestung zu vergwelttigen/wie sie dann bey den vmbliegenden Rlecke
vil volcks gefangen/und ein grosse anzahl viehes/mit ihnen hinweg führen
wöllen/dieweil aber die Luggaser/vnd die so in dem Castell Possa dessen zu=
vor zimliche gute kundschafft gehabt/haben sie die Tartarn mit gewehrter
hand angegriffen/derselben über 3000. erschlagen/die armen gefangenen
Christen erledigt/alles viehe und andern Raub jnen wider abgenommen/der
Rest aber/welcher noch fast bey *2000*. Tartarn/dieweiln sie gesehen/daß ire
gesellen also erlegt/haben sie sich bey dem Castell Possa/vnd von dannen bey
Sarat/vber den Arm vom fluß Temes begeben/vnd folgendes sich wider
zu den jrigen salvirt. In gleichem haben sich auch ein zimliche anzahl Tar=
tarn an einem andern ort vber die Teussa gemacht/die Spanschaften zuv=
berfallen/aber sie sein aus Gottes gnad/mit gewehrter hand also abgewisen
worden/daß derselben etlich vil hundert vff der Walstatt geblieben/vnd der
rest sich mit der flucht wider vber die Teussa salvirt.
    Als nun die Türcken vermerckt/daß der Fürst auß Siebenbürgen so
starck im anzug/haben sie den Walt/so vngefehr dreymeil von Temeswar [S. 2]

gelegen (dardurch dann die beste vnd breideste sttrassen/die andern Päß vnd
Weg aber etwas eng vnd vnwegsam) dermassen verhauen vnd verderbet/
das jr F. G. selben orts mit seinem hauffen nit fort kommen künten/sonder
einen andern weg/bey Zebedin vnn Aracha fürgenomnen/alda Herr Botskay
mit seinem hauffen[]zum Fürsten gestossen/daß jr F. G. biß in *40000.* man
an disem ort starck sein. Ehe aber der Fürst gar vff Temeswar kommen/haben
jr F. G. etlich gesandte Adelspersonen/so von dem Moldauischen Weida
abgefertigt/zwischen Aracha vnd Temeswar angetroffen/vmm die verbünt=
nuß zwischen dem Fürsten/vnd angeregten Weida gar auffzurichten vnnd
zubestettigen. Also im Namen Gottes fort geruckt vnd am Sontag Tri=
nitatis die Statt auf der einen seiten berennt/auch entlich zwischen Sala
vnd Sarat neben dem gebürg daselbsten/sich disen tag noch für Temeswar
gelagert/darinn bey *10000.* guter Soldaten/vnd in folgenter nacht etlich
große schantzen vffgeworfen/den Montag nach Trinitatis/haben jr H. G.
angefangen/an dreyen orten die Stadt zubeschiessen/hernacher aber ihnen
ein Schlacht angebotten/aber von dem Türcken/dieweiln sie mit volck nie
gefast/abgeschlagen worden/dann jenen noch zu entsatzung etlich vil tausend
Türcken und Tartarn stündlich kommen sollen/auf solches haben die mei=
sten Türcken sich in das Castell begeben/die Siebenbürger aber starck mit
schiessen angehalten/vnd jenen etlich geschütz verderbet/entlich durch solchen
ernst/den 13. Junij die Raitzenstatt einbekommen/guter hoffnung/ganz
Temeswar auch zubezwingen/solches wie sichs alles biß daher verloffen/ist
durch ein eign Curir/von jren F. G. vff Waradin verstendigt worden/
mit fernerer vermeldung/daß etlich Tartrarn/so hin vnd her gemordet/ge=
brennet vnd geraubet/neben der Teussa/sich wider zu ruck begeben/verwar=
ten daß ein große anzahl Türke jenseit vnd zwischen der Tonau vnd Teus=
sa sich samblen/temeswar zu entsezten/dieweiln sich nun gehörtr maßen/
ein grosser hauffen Türcken vnd Tartarn/an der Teussa nit weit von Te=
meswar gesamlet/die der Fürst den *15.* Junij mit solchem vortheil vd ge=
schwindigkeit angegriffen/vnangesehn daß ihr ein grosser Hauff/derselben et=
lich vil tausent erlegt/vnd also geängstet/daß sie kein ander refugium haben
künden/dann in das Wasser/darinnen dann auch etlich tausend verdorben
und ersoffen/welches vbergrosses treffen vnd niderlag/der Ossman Vezi=
Bassa/dem Bassa zu Offen schrifftlich geklaget/vnnd bestettiget/wie her=
Nach gemeldet wird/dann das feldt so voller todter Cörper/daß sie zimlich
Tieff im Blut gelegen.

Wie dann inn disem großen treffen vnnd nach jagen/die Türcken vnnd Tar=
[S. 2v.] Tarn/derenn noch wenig/jr Läger verlassen/vnd anders in sein gewalt
bekommen.

Den *17.* Junij folgenden tages/der grossen niderlag/so dann die Türcken vnn
Tartarn wie gemeldt auffs haupt geslagen/vnd im angeregten treffen/der Tar= tarn
Obristen/dern sie jiren Kayser nennen/neben vil fürnemen Türcken gefangen/vnd
Hasan Bassa tödlich verwundet. Hierauf die von Temeswar in ein solchen

schrecken gerahten/daß sich diesem hochlöblichen Fürsten vnd Kriegshel-
den er=geben/die er/wie sich gebührt/eingenommen und besetzt/vnd haben jr
F. G. iezund in kürz nach einander an vnterschiedlichen orten/bey Temeswar an
der Teussa vnnd sonsten vber 30000. Türcken vnd Tartarn erlegt/aber gleichwohl
deß Siebenbürgi= schen Kriegsvolcks auch biß in 6000. geblieben/nach disem/
hat sich hochgemeldter Fürst mit seinem Kriegsheer vff Gyula begeben/dieselbige
auch zubelägern/das hilff Geldt/so der Babst dem Fürsten in Siebenbürgen wider
den Türcken ver= sprochen/ist etlich tag vor dieser Victori/nemblich den 7. diß
in Siebenbürgischen Weißenburg/sampt dem Benedicirten Herzogs huet vnnd
schwerd/durch des Babsts legation/dem Bischoff von Cervia vnnd etlichen vom
Adel eingebracht/welches alles durch die angedeuten Legaten dem Fürsten in Siebenbürgen zuge=führt worden.

Belanget die Walachey/hat der Türckische Kayser/durch 2. abgesandte Chi=
außen/an den Fürsten in der Walachey begrt/jme 2. fürnehme Vestungen wider
einzuraumen/so wolle er jne vnd die seinen stattlich begaben vnd zu großen Herrn
machen/darauff der Walachische Fürst/im freyen Feldt vor seiner ganzen Ritter=
schaft geantwort/solches begeren stehe nicht in seinen mächten/sonder diese Ves-
tungenn gehören seinem großmächtigen Fürsten/Sigismundo in Siebenbürgen
zue/dem=selben wolle er diß begeren zuschreiben/zwischen dessen aber gemeldte
2. Chiaussen in seiner Custodi behalten.

Es sein auch offt ermeldtem hochlöblichen Fürsten inn Siebenbürgen/gewi=
se schreiben zukommen/wie ein anderer Tartarische Fürst/durch sonderbare listige
practicken vnd verheissungen deß Türkoschen Kaysers sich vnterstanden/mit einer
vbergrossen meinig vnd gar viel tausend Tartarn/(so er albereit bey sich) durch zu=
kommen/vnd vff Siebenbürgen zugeben/aber die Moscowiter/Polen vnnd Ko=
säcken haben sich mit großer anzahl Kriegsvolcks/in 3. vnterschiedliche hauffen
wolgeordnet/ins Feldläger begeben/vnd die Päß dermaßen verwaret/daß die Tar=
tarn nicht fort gekönded/noch sich wagen dörffen/dann der Moscowitterische Groß=
Fürst/jnen getrohet/da sie sich's ferners vnterstehen würden/dem Türcken einigen
beystand wider die Christenheit zuthun/wolle er mit seinem volck in ihr Land fallen/
alles verheeren/verderben/verbrennen vnd vmbringen/auch sampt den Polen vnd
Cosacken/an 3. orten in sie fallen/angreiffen mit dem großen geschüz vnd schwerd
Vberweltigen/wie dann die Moscowitter die Tartarische hauptstat in Prinay ge=
plündert/verbrennet/eins theils gefangen/vnnd das ander alles vmbge=bracht/
hierauff sie sich wider zu ruck/doch vngern begeben/auch die Tartarn/so bey [S. 3]
Hasan Bassa ehe sie geschlagen worden/wider zu ruck gewolt/vnd schier mit gewalt
außreissen wöllen/aber von dem Türcken nicht gewilligt worden.

Vor etlichen wenigen tagen sein jren F. G. schreiben zukommen/wie Herrn
Palfi Soldaten bey 50. sich auff ein straiff begeben/welche vnterwegen die straif=
fenden Eraluer angetroffen/zu welchen sie sich gschlagen/vnd mit jrem straiffen
fort geruckt/als sie nun bey 5. meil wegs vnter Ofen kommen/haben sie in 200. Tür=
cken/so Geld nach Ofen führen wollen/angetroffen/vnd mit denselben ein starcken
scharmützel gehalten/deren vber hundert rlegt/vnd in 200000. Gulden an barem

neben andern köstlichen sachen mehr bekommen/dieweiln aber diese beut so gut vnnd starck/haben die Palfischen Soldaten/an die Erlauer Trabanten/nach dem sie zu dieser stattlichenn beut geholffen/jnen auch hiervo was mitzutheilen begehrt/darauf die Erlauer angeregten Palfischen/*5000*. Gulden bargelt/vnd *500*. Gulden werht andere sachen mit gutem willen geben/vnnd des getrewen Ritter-lichen beystandes bedanckt/seien also von obernannten *50*. Palfischen Soldaten *44*. wider zuhaus kommen/der Erlauer aber *10*. oder *12*. auf der Walstat geblieben.

Die Türcken haben denen mit dem Gelt starck nachgesezt/aber nichts ver= richt/jedoch vnentwegen *150*. Hayducken angetroffen/dieselben der maßen niderge= haut/daß jr bey vngefehr nur *26*. darvon kommen.

Nach diesem haben sich biß in *70*. Cmorrer Soldaten zusamm geschlagen vnd etlich weil hinder Ofen gestrairfft/*12*. Wägen Proviant vnd *100*. Türcken darbey angetroffen/in sie gesezt vnnd alle niedergehaut/der vnsern aber gar wenig todt ge= blieben/vnn bey *16*. verwundet/dieweiln aber die proviant nit fort könten bringenn/ haben sie dieselbig durchsuchet/wechselbrieff sampt *1000*. gulden bargelt darinn gefunden/vnnd die proviant verbrennt/das gelt vnnd brieff mit auf Comorra ge= bracht/wie auch *300*. Seelen sampt dem jirigen von S. Georgen auff viel Wägen geladen/erledigt.

Und hat sich zu Ofen ein großer schrecklicher Comet erzeigt/dergleichen ein gesicht von Reutern und Knechten/als wollten sie miteinander treffen/als nun solches verschwunden/ist ein helle stimm deutlichn auß den Wolcken gehört worden/ also lautend/*Caschled. Morttk. Montklearp*, das ist auff Teutsch/O wehe der statt Ofen/vnd O wehe der ganzen Türcken/lezlich aber ein so groß Erdbiden ge= west/daß sie nit anders vermeint/dann die statt Ofen werde an vielen gebeuen scha= den nehmen müssen/der gnedige liebe Gott wölle seiner Christenheit mit starcker hand ferners beystehe/so ist zu Raab ein große brunst gewest/darinn *6*. Häuser/auch das Proviant hauß vnd bey 60. Menschen verdorben/wie nun nach diesem der be= richt vnd schreiben auff Ofen kommen/daß der Fürst in Siebenbürgen/so ein große Victoriam wider die Türcken vnd Tartaren erhalten/derselben viel tausent erschla= gen/auch Temeswar erobert vnd eingenommen/seind die Ofner dermaßen erschro= cken vnd so kleinmütig worden/daß sie auch vil herzlicher sachen/Weib vnd Kind mt 80. Schifflein von Ofen auff Griechischen Weißenburg stehen lassen/und ein Bassa darüber für traurigkeit gestorbenn/ein großer Rumor in Ofen vnter den Sol= [S. 3v.] daten vnd inwohnern entstanden/vnd mehrertheil Kriegsvolck/sich von dannen auf Griechischen Weissenburg begeben/do nun den vnsern solchens bewust gewest/ hette Ofen leichtlich in vnsern gewalt künnen gebracht werden/verloffener solcher sachen hat oben angeregter Osinan Vezier aus Griechischen Wissenburg geschrie= ben/dem Bassa zu Ofen gehörent/wie ihme eilnter vnnd ernstlicher beselch vom Türckischen Kayser zukommen/Comorren vnd Preßburg zubelagern/vnd darvon nit zu weichen er habe sie dann gewonnen und eingenommen/aber er künde dißmal= solchem gebot nit nachsezen/dann jme oben ein anderer beselch zukommen/daß er mit ganzer seiner macht/auff den Siebenbürger ziehen soll/inn ansehung/daß der= selbig jezund wider auffs new/vil tausent Türcken vnd Tartarn bey Temeswar er=

legt/derhalben do der Bssa zu Ofen/so woln auch die andern ihr leben/auch alles
das irige erretten wollen vnd liebhaben/sollen sie sich selber so gut sie künnen/schüze=
dises nun hat gedachter Osman den andern Bassen/Beegen/Aggen vnd allen ho=
hen officieren zugeschrieben neben fernerer vermeldung/so balden sie der Christen
großen anzug spüren vnd vermercken/sollen die von Wesperin Palata vnd andern
kleinen orten auff Stulweissenburg fliehen/die von Pappa/Martinsberg/Totis vnn
deren gleichen orteren auff Raab sich begeben/vnd der belagerung alda erwarten.
Vnd jezund gar in neuligkeit/hat des Türckischen Kaysers schazmeister Mehmet
Cheleby den Raabern vnd andern fürnehmen orten/so woln den Stulweissenbur=
gern vnd Ofnern zugeschrieben/sie sollen frisch vnnde keck sein/der groß Suldan
wolle sie nicht lassen mit entsatzung/munition/Proviant vnd Gelt/darneben dem
Mahnut Bassa/welcher jezunder zu Raab ernstlich madirt/so liebe jhme sein Le=
ben/Raab vnd Stuhlweissenburg zuerhalten/vnnd auff keinerkey mittel/weiß vnnd
weg/verheissung/geschenk oder gab/wie sie sein möchten/sich die Christen bewegen
lassen solche auffzugeben helffen/dann nach vollender glücklicher sachen/wolle er der
Türcklische Kayser jne Mahnut Bassa vil höher begaben/vnnd in höchsten gnaden
erkennen/diese schreiben alle seinden Ungerischen Altenburgen auff einem straiff
durch 3. gefangene türcke in jr hand kommen. Aus Constantinopel ist vertreulich einen
großen Herrn geschriebne worde/d Türckische Kayser sey mit der roteruhr sehr kranck/
daß man sich auch schier seiner verwegen/als aber Galcala Bassa jne heimgesucht/
hab er an der Steigen ein fehldritt gethon/auff den Kopff hinab gestürzt/vnd als=
bald todt geblieben/wie auch inn dem ganzen Ottomanischen gebiet ein allgemeine
general Fasten/vnd etliche sonderbare stunden zum Gebet vom Türckischen Kayser
ernstlich gebotten vnd bey grosser straff angestellt/alle Freudenspiel/pancketen/gaste=
reyen vnd dergleichen abgeschafft/wie dann Hassan Bassa den Türckischen Kayser
zu vleissigem gebet vermanet und gesegnet/mit vermeldung/er befahre sich/sie wer=
den einander nicht mehr sehen/solches aber darumb/dieweiln sie in der ganzen
Christenheit/wie dann auch in Persia so wenig glück/viel tausent Kriegs Soldaten
Land/Leut vnd Vestungen verlohren/darzu auch noch grosse tenrung und sterben
hetten/daß jnnen jr Mahomet/mehr glück vnnd Sieg wider vns Christen/vnnd die
Persianer als sie bißhero gehabt/darzue auch fruchtbar wetter verleihen wolle/dann
anlangst verschiener zeit/die Türcken an den Persianischen gränzen sich zusammen [S. 4]
geschlagen/vnd mit 21000. starck zu Roß vnd Fuß ein herzliche Vestung in Persia
bey dem Calderinischen gebirg Jact genant vberfallen/aber von den Persianern
dermaßen empfangen vnnd abgewisen worden/daß dißmals vber 14000. Türcken
vnnd bey 4000. Persianer auff der Walstat geblieben/die vbrigen Türcken sich mit
der flucht salvirt. So hat es diese zeit hero zu Constantinopel inn demselben ganzen
Cir cuit herumb/vnnd anderen vielen orten inn der Türckey etlich Monat nicht ge=
regnet/also das wegen der großen hiz die meiste Frucht außgedorret/derowegen die
thewrung täglich je mehr vnd mehr vberhand nehmen/vnd man angefangen das ge=
treyt oder meel nach Ordnung vnd inn die Comiß zu Constantinopel gar kercklich
außzutheilen/also/daß sie sich darmit kümmerlich behelffen künnen/auch offtmals

mangel müssen leiden/daher dann zu Constantinopel täglich aufflauffs zubesorgen/ wie dann der Oberst Muffi/so vber das getreid vnnd meel gesezt/darob erschlagen worden/dann der Türckische Kayser fast alles getreid vnd meel auff Siebenbürgen vnd Vngern zuschicken verordnet hat/zu welchem/ehe die jezige grosse theurung an= gangenn/allemal wochentlich 6. heupter/wie sie die ordnung getroffen/ein hart fahrt/ ist so vil als vngeferlich ein Malter bey vns/Korn/Waiz/Gersten oder Meel/geben müssen/dessen obgemelter Muffi ein vrsacher gewest/dadurch dann Constantino= pel am getreid so gar erschöpft.

So ist der Türckische Kayser vnlnagsten/nur mit seiner Hofhaltung heraus auf Adrianopel gezogen/hierauff die Sophianischen auffrürich worden/vnnd auff Constantinopel zu ziehen willen/derwegen die Türckisch Kayser sich sehr entsezt/vnn sich wider auff Constantinopel wenden müssen/etliche vrsacher solcher auffruhr ju= stificiren lassen.

Dergleichen sein die Offner Soldaten/jezund gar jüngsten auch auffrürisch Wegen der bezahlung worden/dem Bassa für sein Kosamedt geruckt/gelt wollen ha= Ben/vnnd ihme die Fenster eingeworffen/welche der Janitscharen Obrister kaum Vnd mit mühe stillen können.

Den 17. Junij vmb ein vhr/sein König. Würden vnnd Fürstl. Durchl. von der Neustat/zu Wien einkommen/vnd den 25. dito 25. große stuck auff Redern/1200. Centner pulfer/vnd vber 20000. kugeln eilends auff dem Wasser/beneben al= ler anderer notturfft fort geschickt worden/der Allmechtig Gott geb sein gnad/segen/stärck vnd krafft/daß was nüzlichs außgericht werde/Amen.

Solche mancherley Victorien vnd wolthaten sollen wir nie nur obenhin gern [S. 4v.] hören vnd lesen/sondern mit herzlicher dancksagung/andechtigem nüchternem Gebet/ gegen Gott nicht ein mal/sonder offtermals erzeigen/vnd vns die wir Christen sein/ auch mit Christlichen namen (aber Christliche werck leider wenig beweisen) wol= len genent werden/an diesem Christen Feind spiegeln/welcher als ein Hand vnd vn= glaubiger/ernstliche Mandat bey harter peen vnd straff/(zufasten/vnnd ihrer art nach wider uns zu beten) lassen ergehn/alle Freudenspiel/Panckect/Gastereien vnd dergleiche abgeschafft. Wie vil aber mehr sollen wir Christen solchs auß ernst vnnd höchster andacht verrichten/mit zerschlagenem herzen/in Christlicher demuth/täg= lich mit andechtigem Gebet anhalten/daß der allmechtige gnedige Gott/vmb sei= nes lieben Sohns Jesu Christi willen/diesem grausamen Christen Feind wolle fer= ners steuren vnd wehren/einigkeit vnter den vnseren pflanzen/gut Regiment erhal= ten/vor verrätherey gnediglich behüten/vnd nicht zweiffeln/dann vnser Gebet trin= ge gewiß durch die Wolcken für Gottes angesicht/O Herr/gnediger/heiliger vnnd starcker Gott/hilff du mit deiner allmechtigen hand/vns deinen Kindern streiten/ gewinnen vnd erhalten/das bitten wir dich sampt vnd sonders getreuer Gott/vmb deines geliebten Sohnes Jesu Christi vnsers erlösers vnd Heylandes willen/Amen.

Solche mancherley Victorien vnd wolthaten sollen wir nit nur obenhin gern
hören vnd lesen/sondern mit hertzlicher dancksagung/andechtigem nüchtern Gebet/
gegen Gott nicht ein mal/sonder offtermals erzeigen/vnd vns die wir Christen sein/
auch mit Christlichen namen (aber Christliche werck leider wenig beweisen) wol/
len genennet werden/an disem Christen Feind spiegeln/welcher als ein Hand vnd vn/
gläubiger/ernstliche Mandat bey harter peen vnd straff/ (zufassen/vnnd jhrer art
nach wider vns zu beten) lassen ergehn/alle Freudenspiel/Panckeet/Gastereien vnd
dergleiche abgeschafft. Wie vil aber mehr sollen wir Christen solchs auß ernst vnnd
höchster andacht verrichten/mit zerschlagenem hertzen/ in Christlicher demuth/täg/
lich mit andechtigem Gebet anhalten/daß der allmechtige gnedige Gott/vmb sei/
nes lieben Sohns Jesu Christi willen/diesem grausamen Christen Feind wolle fer/
ners steuren vnd wehren/einigkeit vnter den vnseren pflantzen/gut Regiment erhal/
ten/vor verrätherey gnediglich behüten/vnd nicht zweifeln/dann vnser Gebet trin/
ge gewiß durch die Wolcken für Gottes angesicht/O Herr/gnediger/heiliger vnnd
starcker Gott/hilff du mit deiner allmechtigen hand/vns deinen Kindern streiten/
gewinnen vnd erhalten/das bitten wir dich sampt vnd sonders gerreuer Gott/vmb
deines geliebten Sohnes Jesu Christi vnsers erlösers vnd Heylandes willen/Amen.

Gala.   Temeswar.   Sarat.

Gedruckt zu Nürnberg / Mit bewilligung.

(in fine) Gedruckt zu Nürnberg. Impensin Joachimi Lochner, 1596

Literatur:

***: *Statt und Vestung Temeswar*. Handschriftliche Urkunde in der Österreichischen
Nationalbibliothek Wien, 1596.

Adina-Lucia Nistor

Etymologie und Geografie des Familiennamens *Kottler* in Deutschland und im rumänischen Banat

Abstract: The aim of this study is to clarify the etymology of the German family name *Kottler/ Kotlar* in the Romanian Banat, where Swabians originating from the Southwest of Germany were colonized beginning with the year 1716. The etymology of the family name *Kottler*, along with its distribution, is to be searched in Southwest Germany. Within this context, the name *Kottler* in Banat can be interpreted as the name of a specific location or the name of a profession, derived from the Middle High German word *kot(t)e* 'poor peasant with a small household, who works as a day labourer'. Initially, the choice of the name *Kotlar* seems to be a romanianized name, but it is more likely to have a Serbian origin, meaning 'coppersmith'.

Keywords: onomasiology, etymology, family name Kottler

1 Arbeitsziele und Arbeitsmethoden

Vorliegende Studie nimmt sich vor, den Banater deutschen Familiennamen *Kottler*, ausgehend von seiner geografischen Verbreitung in Deutschland und im rumänischen Banat, aufgrund von Telefonanschlüssen etymologisch zu analysieren.

2 Häufigkeit

Der Name *Kottler* kommt laut Telefonanschlüssen 2008–2009 in Temeswar, unter *Kottler Petru*, alias *Peter Kottler*, einmal vor, in Foen (rum. Foeni, Kreis Temesch) dreimal unter *Kotlar*, in Hatzfeld (rum. Jimbolia, Kreis Temesch) einmal unter *Kotlar*, während er im Kreis Arad, laut Telefonanschlüssen 2008–2009 nicht vorgefunden wurde. Laut einer elektronischen Datenbankabfrage, aufgrund von Telefonbüchern in Rumänien, kommt der Name *Kottler* (unter *Kottler Petru*) einmal in Temeswar und der Name *Kotlar* dreimal in Foeni (Kreis Temesch), einmal in Hatzfeld (Kreis Temesch), einmal in Temeswar (Kreis Temesch), sechsmal im Kreis Bihor, dreimal im Kreis Bistrița Năsăud und einmal im Kreis Maramureș vor.[1] In Deutschland sind, laut Telefonanschlüssen 2005, 132 Namen vom Typ *Kottler* (*Kotler* 4, *Kottler* 128) registriert.

---

1 Vgl. www.abonati.me, Carte de telefoane a abonaților din România, abgerufen am 20.04.2017.

3 Forschungsstand

Der Familienname *Kottler* wird im Schwäbischen als 1. Wohnstättenname, teilweise auch als Standesname, zu mhd. *kot(e)*, md. *kot*, mnd. *kōt(e)*, *kate*, *kotte*, für ‚den Bewohner oder Inhaber einer *Kotte*, *Kate*‘, das ist ‚ein kleines, niedriges Haus, eine Wohnhütte mit Hof und Garten, ohne Hufe, d. h. ohne Ackereigentum‘[2] und im Mitteldeutschen als 2. Berufsname zu mnd. *koteler*, mhd. *kuttler*, *kottler*, fnhd. *kotler*, für ‚den Kuttelwascher, Küter‘, später ‚Wurstler oder Schlachter‘[3] und als 3. Berufsname zu slowenisch *kotlar*, polnisch *kotlarz*, für den ‚Kessel- oder Kupferschmied‘[4] gedeutet.

4 Abfrage in der Datenbank

Die Abfrage in der Namen-Datenbank *(K|C)oh?(t|th|tt)e?lers?* ergibt folgendes Ergebnis: *Typ Kottler 2 Varianten/132 Telefonanschlüsse: Kotler 4, Kottler 128*. 2005 sind in Deutschland pro Telefonanschluss ungefähr 2,9 Namensträger(innen) zu veranschlagen[5], d. h. es lebten ca. 382 Personen namens *Kottler* in Deutschland.[6]

5 Namenverbreitung

Der Namentyp *Kottler* tritt in Deutschland verstreut auf, zeigt jedoch einigermaßen zwei Häufungen: eine, mit Schwerpunkt im Südwestdeutschen (im Schwäbischen, Badischen und Hessischen) und eine zweite, mit Schwerpunkt im Mitteldeutschen (im Elbostfälischen und im nördlichen Obersächsischen) (s. Karte).

---

2 Vgl. Brechenmacher, Josef Karlmann: *Etymologisches Wörterbuch der deutschen Familiennamen. Bd. 2.* C. A. Starke: Limburg a. d. Lahn 1960–1963, S. 100; Gottschald, Max: *Deutsche Namenkunde. Unsere Familiennamen. 5. Auflage.* Walter de Gruyter: Berlin et. al. 1982, S. 301.

3 Vgl. Zoder, Rudolf: *Familiennamen in Ostfalen. Band 1.* Georg Olms: Hildesheim 1968, S. 961–962; Linnartz, Kaspar: *Unsere Familiennamen. Zehntausend Berufsnamen im Abc erklärt. Band 1, 3. Auflage.* Ferd. Dümmlers: Bonn et.al. 1958, S. 125 u. 133.

4 Vgl. Gottschald 1982, S. 302; Zoder 1968, S. 961–962; Linnartz 1958, S. 125.

5 Vgl. Kunze, Konrad/Nübling, Damaris (Hrsg.): *Deutscher Familiennamenatlas* (DFA). *Band 4: Familiennamen nach Herkunft und Wohnstätte.* De Gruyter: Berlin et.al. 2013, S. XXXIII.

6 Den Zugang zur Namen-Datenbank und zur daraus resultierten Karte (s. Anhang) verdanke ich Prof. Dr. Konrad Kunze von der Albert-Ludwig-Universität Freiburg und seinem Forschungsteam an den Universitäten Freiburg und Mainz sowie der Alexander-von-Humboldt-Stiftung in Bonn, im Rahmen eines großzügig geförderten Forschungsprojektes zu den Familiennamen auf *-mann* in Deutschland.

Die Karte ist folgendermaßen angelegt: Sie ist absolut, mit fünfstelligen Postleitzahlen, Symbolgröße 9–28, entspricht min. 1 – max. 18 Telefonanschlüssen[7]. Der *Typ Kottler* bildet ein Nest im Badischen, in PLZ 76593 Gernsbach, mit 18 Tel. Weitere Vorkommen befinden sich in PLZ 76571 Gaggenau 7 Tel., in PLZ 76599 Weisenbach 3 Tel.; im Raum Stuttgart – Esslingen – Tübingen in: PLZ 72622 Nürtingen 2 Tel., PLZ 70839 Gerlingen 2 Tel.; im Raum Frankfurt: PLZ 65428 Rüsselsheim 1 Tel., PLZ 60433 Frankfurt am Main 1 Tel., PLZ 63065 Offenbach am Main 1 Tel., PLZ 61118 Bad Vilbel 1 Tel., PLZ 69124 Heidelberg 1 Tel., PLZ 64295 Darmstadt 1 Tel., PLZ 56075 Koblenz 1 Tel.; im Raum München: PLZ 80804 München 1 Tel., PLZ 82152 Planegg 1 Tel., PLZ 87629 Füssen 1 Tel.; im Raum Freiburg: PLZ 79102 Freiburg 1 Tel., PLZ 79194 Gundelfingen 1 Tel.; im Raum Bodensee: PLZ 88046 Friedrichshafen 1 Tel., PLZ 88094 Oberteuringen 1 Tel. (s. Karte).

Im Ostmittel- und Ostniederdeutschen bildet der *Typ Kottler* seine größten Symbole in einem Dreieck Bad-Lauchstädt – Burg bei Magdeburg – Wolfsburg, in: PLZ 06449 Aschersleben 4 Tel., PLZ 39171 Langenweddingen 3 Tel., 06246 Bad Lauchstädt 2 Tel., PLZ 39175 Biederitz 2 Tel., PLZ 38820 Halberstadt 2 Tel., PLZ 39118 Magdeburg 1 Tel., PLZ 38440 Wolfsburg 1 Tel., PLZ 39291 Möckern 1 Tel.; sodann findet er sich im Raum Hamburg in: PLZ 22159 Hamburg 2 Tel., PLZ 21075 Hamburg 1 Tel., PLZ 21493 Schwarzenbek 1 Tel., PLZ 29549 Bad Bevensen 1 Tel. und im Raum Berlin: PLZ 12689 Berlin 1 Tel., PLZ 14959 Trebbin 1 Tel., PLZ 16845 Neustadt/Dosse 1 Tel. Andere Namen sind in PLZ 03046 Cottbus 2 Tel., PLZ 08340 Schwarzenberg/Erzgebirge 1 Tel. sowie zwischen Rhein und Weser in PLZ 34454 Arolsen 2 Tel., PLZ 33098 Paderborn 1 Tel. (s. Karte).

6 Interpretation

Das Kartenbild bestätigt und ergänzt die Literaturangaben.

Im Südwesten ist *Kottler* laut Brechenmacher der ‚Inhaber einer Kotte, später auch eines Speichers‘[8]. Der Name ist durch Ableitung mit dem Agenssuffix *-(l)er* aus mhd. *kot(t)e, kate*, mnd. *kāte* hervorgegangen, vgl. auch mnl. *cot(e)* ‚Hütte, Schuppen, Stall‘, aengl. *cot(t)e* ‚Hütte, Häuschen, Höhle‘, engl. *cot* ‚Stall, Hütte‘ (vgl. engl. *cottage* ‚Hütte, Landhaus‘), anord. *kot* ‚Hütte, Stall‘, norw. *kott* ‚kleines Zimmer‘.[9] Für das Substantiv *Kot(e)* sind im mhd. und mnd. alle drei

---

7   Im Folgenden: Tel.
8   Brechenmacher 1960–1963, S. 100.
9   Vgl. Pfeiffer, Wolfgang: *Etymologisches Wörterbuch des Deutschen*, 6. Auflage, Deutscher Taschenbuch Verlag: München 2003, S. 722 u. 635; Kluge, Friedrich: *Etymologisches Wörterbuch der deutschen Sprache*, 22. Auflage. Walter de Gruyter: Berlin et.al.

Genera vertreten[10]; heute werden *Kote* und besonders nordd. *Kate* meist feminin gebraucht[11]. Mhd. *o*, in mhd. *kot(e)*, ging im Niederdeutschen seit dem 15. Jahrhundert oft zu *a* über (vgl. mnd. *kate* und ndd. *Kate*).[12]

Für *Kote, Kate* gibt das Deutsche Wörterbuch (DWB) der Brüder Grimm drei Grundbedeutungen an, und zwar: 1. „geringes Bauernhaus ohne Feld und Hofstätte, gewöhnlich nur mit einem Garten"[13], 2. „Hütte, zum Arbeiten oder zeitweiligen Aufenthalt, doch nicht zum Wohnen", z. B. eine *Fischerkote* am Meer oder besonders in Salzwerken, eine Hütte, ein Salzsiedehaus, worin das Salz gesotten wird, sogenannte „Salzgruben, Salzungen, Siedestellen, Salzquellen, Salzkotten"[14] und 3. „Schuppen, Stall", vgl. im Schwäbischen *kott, kotthäusle* „ein Schuppen für Holz, Geräte u. ä., neben dem Bauernhaus", sonst wo auch ein „Stall zum Mästen von Geflügel, Schweinen" oder im Westfälischen auch ein „Lager von Wild, z. B. von Hasen"[15].

Für den Südwesten, einem der Häufungsgebiete des Namens *Kottler* (s. Karte), ist die Bedeutung von *Kote, Kotte, Kate*, dem Grundwort des Namens, das gelegentlich auch auf den Bewohner derselben übertragen wurde, ein „kleines Bauernhaus, mit wenig Land, z. B. einem Garten" oder „ein zur Wohnung eingerichtetes Nebenhaus, Schuppen eines größeren Bauerngutes, eine Kleinbauernstelle, ein Tagelöhnerhaus"[16]. Der Bewohner einer solchen ist ein *Kot(t) ler, Kät(l)er, Köter, Kossate, Kotsasse, Häusler* u. Ä.[17]

Der Übergang vom Wohnstättennamen ‚der in der *Kote, Kate* Wohnende' zum Standes- bzw. Berufsnamen *Kott(l)er*, mit der Bedeutung ‚kleiner Bauer, Gärtner, Tagelöhner', ist fließend.[18]

1989, S. 407 u. 361; *Deutsches Rechtswörterbuch*, URL:http://drw-www.adw.uni-heidelberg.de/drw-cgi/zeige, abgerufen am 20.04.2017.

10 Vgl. Grimm, Jacob/Grimm, Wilhelm: *Deutsches Wörterbuch (DWB)*, Bd. 11, Spalte 1883. URL: http://woerterbuchnetz.de/cgi-in/WBNetz/wbgui_py?sigle=DWB&mode=Vernetzung&lemid=GK02421#XGK 02421, abgerufen am 09.10.2016.

11 Drosdowski, Günther (Hrsg.): *Duden – Deutsches Universalwörterbuch*. 3. Auflage, Dudenverlag: Mannheim et.al. 1996, S. 888 u. 821; Kluge 1989, S. 407 u. 361; *Deutsches Rechtswörterbuch*, URL: http://drw-www.adw.uni-heidelberg.de/drw-cgi/zeige? term = Kate&index = lemmata, abgerufen am 20.04.2017.

12 Vgl. DFA, Bd. 4, S. 961.

13 DWB, Bd. 11, Spalte 1884.

14 DWB, Bd. 11, Spalte 1884–1885.

15 DWB, Bd. 11, Spalte 1885.

16 DWB, unter *Kate, Kote*, Bd. 11, Spalte 1884.

17 Vgl. DWB, Bd. 11, Spalte 1884.

18 Vgl. auch DFA, Bd. 4, S. 961.

Für ähnliche Etymologien vergleiche man im DFA[19], auch die Verbreitung und Varianz der Wohnstättennamen, die von mhd. *kot(e)*, mnd. *kot(e)*, *kotte* ‚Hütte, kleines Haus u. ä.' abgeleitet sind.

Die Bedeutung des Familiennamens *Kottler* im Mitteldeutschen, genauer im Elbostfälischen und im nördlichen Teil des Obersächsischen (s. Karte) ist eine andere als im Südwestdeutschen, und zwar laut Zoder, eher Berufsname zu mhd. *kut(t)ler, kottler*, mnd. *koteler* für den *Kuttler*, auch *Küttler, Küt(h)er*, anfangs mit der Bedeutung „Kaldaunenwäscher", später „(Haus-)Schlachter" überhaupt (zu mhd. *kutel*, mnd. *küt* ‚Eingeweide').[20]

Im DWB sind unter *Kuttler, Küttler* drei Bedeutungen angegeben, davon die älteste 1. eine Art ‚Fleischer', die nur Kutteln kaufen, reinigen und verkaufen durften, „Kaldaunenwäscher und Kaldaunenverkäufer", md. *Küter*, ostd. *Kuttelflecksieder* genannt; 2. seit dem 15. Jahrhundert auch „Wurstmacher", lat. *fartor* und 3. „Verwalter des städtischen Kuttelhofes", so in Gera im 17. Jahrhundert, wo die Fleischer für die Unterhaltung des *Kuttelhofes*, übrigens die älteste Bezeichnung für den *Schlachthof*, dem *Kuttler* eine Abgabe liefern mussten – vgl. hierzu auch die *Kuttlergasse* (*Rue des tripiers*) in Straßburg und Colmar.[21]

Für ähnliche Etymologien siehe die Verbreitung der Berufsnamen *Küther* im Niederdeutschen und *Kuttler* im südwestlichen Oberdeutschen.[22]

Der Name *Kottler* kann in geringen Fällen im Ostmitteldeutschen und im Niederdeutschen auch eine eingedeutschte Form des Berufsnamens *Kotlar* ‚Kessel- oder Kupferschmied', zu wendisch *kotlar* (Bedeutung ebenso) und poln. *kotlina* ‚Kessel' sein, so Zoder[23], Gottschald[24], Linnartz[25], doch ist eine genaue Trennung

---

19 Vgl. DFA, Bd. 4, Karten 417–426, S. 960–977 wie folgt: Karte 417, der mit *-er* suffigierten Typen: *Kotter, Kötter, Katter, Käther* (S. 960); Karte 418, der suffixlosen Typen: *Kothe, Köthe, Kathe, Käthe* (S. 964); Karte 419, der mit *-mann*-Suffix abgeleiteten Typen: *Kottmann, Kathmann* (S. 966); Karte 420, der mit *k*-Diminutivsuffix abgeleiteten Typen: *Kottke, Kathke, Köttker, Kätker* (S. 967); Karte 421, der häufigsten Komposita mit dem Bestimmungswort *Kott-*: *Kotthaus, Kotthoff, Kott[sieper]* (S. 968); Karte 422, der Namen mit suffigiertem Grundwort *-kötter*: *[Horst]kötter* (S. 969); Karte 423, der Namen mit unsuffigiertem Grundwort *-kott*: *[Horst]kotte, [Roß]kothen, [Te]kath, [Na]katen* (S. 971); Karte 424, der weiteren Familiennamen, die sich auf die Bewohner eines sehr kleinen Hofes oder eines sehr kleinen Hauses beziehen: *Kossatz, Kussatz* (S. 972); Karte 426: *Hausler, Häusler, Heusler, Heisler* (S. 975).

20 Zoder 1968, S. 961.

21 DWB, Bd. 11, Spalte 2908; Linnartz 1958, S. 125 u. 133.

22 Vgl. Karte 59: *Küther, Kuttler* in: DFA, Bd. 5, S. 165.

23 Zoder 1968, S. 962.

24 Gottschald 1982, S. 302.

25 Linnartz 1958, S. 125.

von der ersten Bedeutung nur aufgrund des Kartenbildes nicht möglich. Das hier ungedruckte Kartenbild des Familiennamens *Kotlar* in Deutschland, laut Telefonanschlüssen 2005 – 27 Tel., zeigt eine Verstreuung des Namens in ganz Deutschland und ein Nest in PLZ 95508 Kulmain – 4 Tel., nahe der tschechischen Grenze.

Vereinzelt ist im Mitteldeutschen, im Raum Halle, für den Namen *Kottler* auch die Bedeutung ,Wohnstättenname, für den Anwohner' oder ,Berufsname für den Arbeiter' bei oder in einer *Kote* ,Salzgrube, Salzquelle'[26] denkbar.

Herkunftsnamen zu den zahlreichen Ortsnamen *Kotten* in Nordrhein-Westfalen, im Landkreis Bautzen, in Sachsen sowie zum westlichen Stadtteil von Dresden – *Cotta* – sind für den Fall *Kottler* im Elbostfälischen unwahrscheinlich, ebenso die Bedeutung des Übernamens zu niedersorbisch, poln., tschechisch *kot*, mit der Bedeutung ,Kater, Katze'[27] oder zu frühnhd. *köter* ,Hund', das erst seit dem 16. Jahrhundert bezeugt ist[28].

Die Herkunft und die Etymologie des Banater deutschen Familiennamens *Kottler* ist in Südwestdeutschland, keineswegs in Mitteldeutschland, zu suchen, woher, hauptsächlich nach dem Frieden von Passarowitz, am 21.07.1716, als Österreich das Banat vom Osmanischen Reich übernahm und im Zuge der systematischen Bevölkerungs-, Raumordnungs- und Konfessionalisierungspolitik des Wiener Hofes zunächst nur katholische Siedler aus dem südwestdeutschen Sprachraum (aus Baden, Württemberg, aus der Rheinpfalz, aus Hessen, aus dem Elsass, aus Lothringen, Luxemburg, dem heutigen Saarland, dann auch aus Westfalen, Bayern, Tirol, der Steiermark und Kärnten) in drei Wellen (1722–1726 unter Kaiser Karl VI. – „Karolinische Kolonisation"; 1763–1772 unter Kaiserin Maria Theresia – „Theresianische Kolonisation"; 1780–1790 unter Kaiser Joseph II. – „Josephinische Kolonisation") in das nach langjährigen Kriegen dünn besiedelte Banat, aber auch in das Sathmarer Gebiet, angeworben und angesiedelt wurden.[29] Die Ansiedlung von Deutschsprechenden an der mittleren Donau, die auch *Donauschwaben* genannt werden, erfolgte in sechs Gebieten und sie begann 1. im ungarischen Mittelgebirge 1691; 2. in der Schwäbischen Türkei 1687; 3. im Sathmarer Gebiet 1712; 4. in der Batschka 1715; 5. im Banat 1716 und 6. in Syrmien und Slawonien 1718.[30] Die meisten deutschen Siedler

---

26 Vgl. DWB, Bd. 11, Spalte 1884–1885.
27 Vgl. Gottschald 1982, S. 301.
28 Vgl. DWB, Bd. 11, Spalte 1888; DFA, Bd. 4, S. 961.
29 Packi, Elisabeth: Ansiedlung der Banater Schwaben. URL: http://www.banaterra.eu/german/node/13, abgerufen am 09.10.2016.
30 Vgl. http://www.banaterra.eu/german/category/categorii/geschichte, S. 2–3, abgerufen am 09.10.2016.

des Banats, das nach dem Ersten Weltkrieg, 1920, beim Friedensabschluss in Trianon, dreigeteilt wurde (zwei Drittel gingen an Rumänien, ein Drittel an das ehemalige Jugoslawien und ein kleiner Teil im Nordwesten blieb bei Ungarn), stammten aus ländlichen Gegenden, sie waren Zweit- und Drittgeborene aus ärmeren Bauernfamilien, die ohne eigenen Grundbesitz und Kapital keine Chancen in ihrer Heimat sahen und in der neuen Heimat, besonders unter Maria Theresia, beachtenswerte finanzielle Unterstützung und langfristige Steuer-Erleichterungen erhielten.[31] Unter den Aussiedlern befanden sich nicht nur Landarbeiter, sondern auch Handwerker, Lehrer, Ärzte, Bader und Pfarrer.[32]

Der Banater deutsche Familienname *Kottler* ist, unter den gegebenen historischen Hintergründen, etymologisch zusammen mit seinem südwestdeutschen Pendant zu interpretieren, und zwar als abgeleiteter Wohnstättenname bzw. Standesname auf *-ler*, zu mhd. *kot(t)e*, das ist ein ,kleines, bescheidenes Haus auf dem Lande, ohne Ackerbesitz, nur mit Garten', mit der Bedeutung ,Häusler, Tagelöhner, kleiner Bauer'[33].

Die in Foen und Hatzfeld (beide in Kreis Temesch) laut Telefonbucheinträgungen 2008–2009 angeführten Familiennamen *Kotlar*, verraten durch ihren dazugehörenden Vornamen in rumänischer (Recht)Schreibung (*Elisabeta Etel, Ioan, Liliana* – in Foen, *Rodica* und *Valeria* – in Hatzfeld) weder eine deutsche noch eine serbische Herkunft, doch neige ich in diesem Fall, die obigen Namen *Kotlar* serbischer Herkunft zu serbisch *kotlar*, Berufsbezeichnung für den ,Kesselschmied', einzuordnen, und nicht als deutsche Herkunft (in angepasster rumänischer Rechtschreibung, zu mhd. *koter*, für den ,Inhaber einer Kote, Häusler'[34]) einzustufen.

7 Historische Belege in Deutschland

Utz Kottler 1480 Zinsmann zu Bräunisheim, Ulm; 1348 *Conr. dictus Kothe*, Kleinbauer (colonus) zu Dexheim (Oppenheim)[35]; *Kerstiane dem Kotelere* [...] in der *Kotelerestrate* 1272 Aken; *Albrecht Kotheler* 1424 Halle, *Hans Kotteler* 1576 Moritzberg bei Hildesheim[36].

---

31 Packi, URL: http://www.banaterra.eu/german/node/13, abgerufen am 09.10.2016.
32 Packi, URL: http://www.banaterra.eu/german/node/13, abgerufen am 09.10.2016.
33 Vgl. Brechenmacher 1960–1963, S. 100.
34 Vgl. Lexer, Matthias: *Mittelhochdeutsches Taschenwörterbuch*, 38. Auflage. S. Hirzel Wissenschaftliche Verlagsgesellschaft: Stuttgart 1992, S. 113.
35 Vgl. Brechenmacher 1960–1963, S. 100 u. 99.
36 Vgl. Zoder 1968, S. 961–962.

8 Stichprobe in angrenzenden Ländern

In Frankreich kommen die Namen *Kottler* dreimal zwischen 1966–1990 im Departement Libéllé, 93 Seine Saint Denis, *Kotler* zweimal zwischen 1966–1990 im Departement 06 Alpes Maritimes und *Kotlar* einmal in Paris[37] vor; in Belgien[38], in der Niederlande[39] und in Luxemburg[40] sind keine Einträge *Kot(t)ler, Kotlar* vorhanden; in der Schweiz finden sich für *Kottler* 8 Telefonbucheinträge, ca. 21 Personen in Zürich (2 Tel.), Baden (1 Tel.), Dübendorf (1 Tel.), Genolier (1 Tel.), Wettingen (1 Tel.), Wil SG (1 Tel.), St. Gallen-Süd (1 Tel.), für *Kotler* keine Einträge, *Kotlar* in Basel-Umland (2 Tel.) und in Winterthur (1 Tel.)[41]; in Österreich ist *Kottler* zweimal in Oberösterreich, *Kotler* überhaupt nicht, *Kotlar* viermal vertreten[42]; in Polen: *Kottler* einmal, *Kotler* fehlt, *Kotlar* ist hingegen 23-mal vertreten[43].

9 Fazit

1. Die Familiennamengeografie verhilft, im Sinne der Migrationsbewegungen, Namen von einst deutschen Aussiedlern innerhalb Deutschlands zu lokalisieren und somit zu etymologisieren.

2. Die relative Deckung der Verbreitung des Namens *Kottler* mit *Kuttler* in Südwestdeutschland (vgl. die Karte im Anhang mit der Karte Nr. 59: *Küther – Kuttler*, im DFA, Bd. 5) spricht im Fall *Kottler* für eine andere Bedeutung als jene von *Kuttler*, und zwar zusammen mit Brechenmacher[44], für die Bedeutung ‚Häusler, Kleinbauer' und nicht zu mhd. *kuteler*, wie im Familiennamen *Kuttler* ‚Kaldaunenwäscher bzw. Schlachter'.

3. *Kottler* ist im rumänischen Banat ein typisch südwestdeutscher Familienname, zu mhd. *kot(t)e* ‚kleines (Bauern)Haus, ohne Ackerbesitz', in der Bedeutung Berufsname – ‚Häusler, Tagelöhner, Gärtner, Kleinbauer'.

---

37 Vgl. https://www.geopatronyme.com (Einwohner 1966–1990), abgerufen am 18.10.2016.

38 Vgl. https://www.familiennaam.be, Einwohner 1998, abgerufen am 18.10.2016.

39 Vgl. https://www.meertens.knaw.nl, Einwohner 2007, abgerufen am 18.10.2016.

40 Vgl. https://lfa.uni.lu (2012), abgerufen am 18.10.2016.

41 Vgl. http://www.verwandt.ch, abgerufen am 18.10.2016.

42 Vgl. Geogen AT, Telefonanschlüsse 2005.

43 Vgl. https://www.moikrewni.pl, abgerufen am 18.10.2016.

44 Vgl. Brechenmacher 1960–1963, S. 100 u. 141.

Anhang: Karte des Familiennamens *Kottler* in Deutschland, laut Telefonanschlüssen 2005

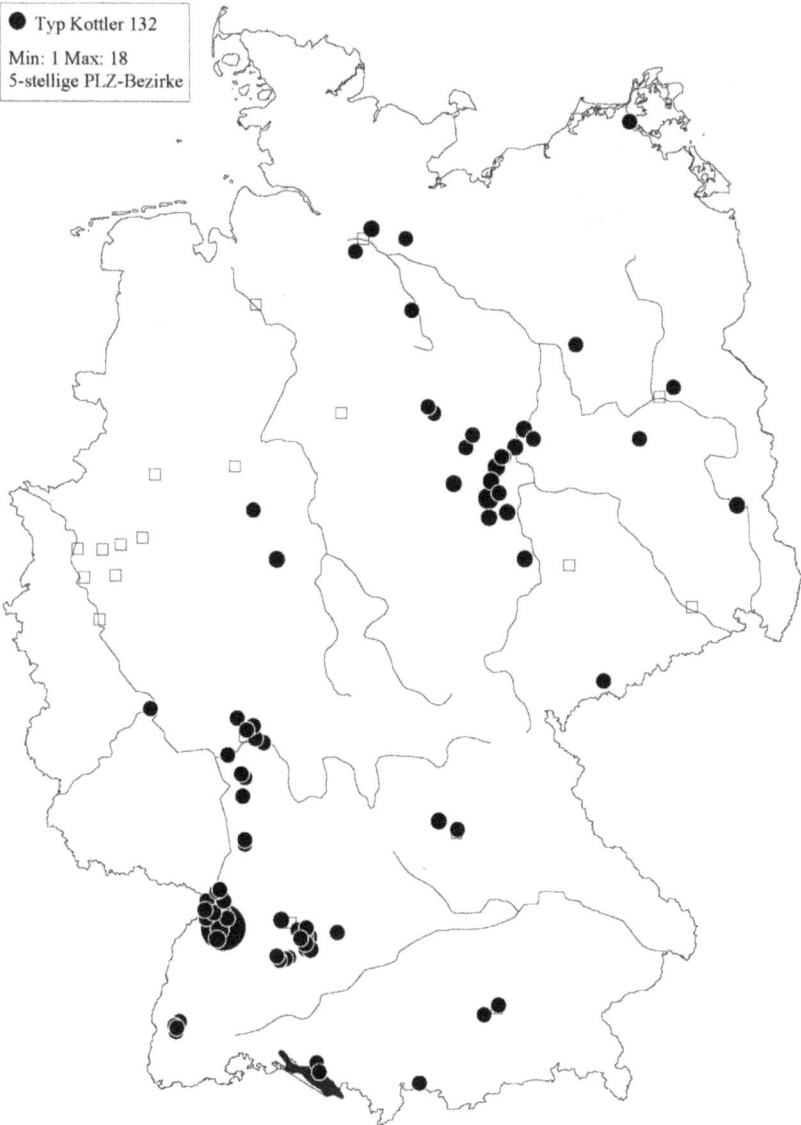

● Typ Kottler 132

Min: 1 Max: 18
5-stellige PLZ-Bezirke

Literatur

Quellen

Brechenmacher, Josef Karlmann: *Etymologisches Wörterbuch der deutschen Familiennamen. Bd. 2.* C. A. Starke: Limburg a. d. Lahn 1960–1963.

Cartea de telefon Arad 2008–2009 (Übers. Telefonbuch des Kreises Arad 2008–2009).

Cartea de telefon Timiş 2008–2009 (Übers. Telefonbuch des Kreises Temesch 2008–2009).

Gottschald, Max: *Deutsche Namenkunde. Unsere Familiennamen.* 5. Auflage. Walter de Gruyter: Berlin et. al. 1982.

Kunze, Konrad/Nübling, Damaris (Hrsg.): *Deutscher Familiennamenatlas* (DFA). Band 1: *Graphematik/Phonologie der Familiennamen I: Vokalismus.* Walter de Gruyter: Berlin et.al. 2009.

Kunze, Konrad/Nübling, Damaris (Hrsg.): *Deutscher Familiennamenatlas* (DFA). *Band 4: Familiennamen nach Herkunft und Wohnstätte.* De Gruyter: Berlin et.al. 2013.

Kunze, Konrad/Nübling, Damaris (Hrsg.): *Deutscher Familiennamenatlas* (DFA). *Band 5: Familiennamen nach Beruf und persönlichen Merkmalen.* De Gruyter: Berlin et. al. 2016.

Linnartz, Kaspar: *Unsere Familiennamen. Zehntausend Berufsnamen im Abc erklärt.* Band 1, 3. Auflage. Ferd. Dümmlers: Bonn et.al. 1958.

Zoder, Rudolf: *Familiennamen in Ostfalen.* Band 1. Georg Olms: Hildesheim 1968.

Sekundärliteratur

Drosdowski, Günther (Hrsg.): *Duden. Deutsches Universalwörterbuch,* 3. Auflage. Dudenverlag: Mannheim et.al. 1996.

Kluge, Friedrich: *Etymologisches Wörterbuch der deutschen Sprache,* 22. Auflage. Walter de Gruyter: Berlin et.al. 1989.

Lexer, Matthias: *Mittelhochdeutsches Taschenwörterbuch,* 38. Auflage. S. Hirzel Wissenschaftliche Verlagsgesellschaft: Stuttgart 1992.

Pfeiffer, Wolfgang: *Etymologisches Wörterbuch des Deutschen,* 6. Auflage, Deutscher Taschenbuch Verlag: München 2003.

Internetquellen

Deutsches Rechtswörterbuch, URL: http://drw-www.adw.uni-heidelberg.de/drw-cgi/zeige? term=Kate&index=lemmata, abgerufen am 20.04.2017.

Geogen AT, Telefonanschlüsse 2005.

Grimm, Jacob/Grimm, Wilhelm: *Deutsches Wörterbuch* (DWB). URL: http:// woerterbuchnetz.de/cgi-bin/WBNetz/wbgui_py?sigle=DWB , abgerufen am 09.10.2016.

http://www.abonati.me/, Carte de telefoane a abonaţilor din România (Übers. Telefonbucheinträge aus Rumänien), abgerufen am 20.04.2017.

http://www.banaterra.eu/german/category/categorii/geschichte, abgerufen am 09.10.2016.

http://www.verwandt.ch, abgerufen am 18.10.2016.

https://lfa.uni.lu (2012), abgerufen am 18.10.2016.

https://familienaam.be, Einwohner 1998, abgerufen am 18.10.2016.

http://www.geopatronyme.com (Einwohner 1966–1990), abgerufen am 18.10.2016.

https://www.meertens.knaw.nl, Einwohner 2007, abgerufen am 18.10.2016.

https://www.myheritage.pl, abgerufen am 18.10.2016.

Packi, Elisabeth: Ansiedlung der Banater Schwaben. URL: http://www.banaterra. eu/german/node/13, abgerufen am 09.10.2016.

Mihaela Şandor

„Alles derfscht mache, nor derwische losse net!" Zum verbalen Präfix *der-* in den Banater deutschen Mundarten

Abstract: During the work at the letter D for the dictionary of the German dialects in Banat, I noticed that the *der*-verbs are not – as would be expected – restricted to the Bavarian dialects, but that such verbs also occur in other German dialects in Banat. Therefore, this paper analyses the occurrence and use of the *der*-verbs in the Banat-German dialects and examines the questions whether and to what extent the *der*-verbs are subject to certain restrictions and to what extent these verbs are widespread in the non-Bavarian dialects of Banat.

Keywords: German dialects of the Romanian Banat, der-verbs, morphology

1 Einleitende Bemerkungen

Das älteste und bis heute laufende Forschungsvorhaben des Germanistik-Lehrstuhls Temeswar ist die Untersuchung der Banater deutschen Mundarten und das Erstellen eines *Wörterbuchs der Banater deutschen Mundarten*. Vor beinahe 60 Jahren hat man mit der Materialsammlung begonnen; 2013 ist der erste Band (A-C) erschienen. Gegenwärtig wird am zweiten Band (D-F) gearbeitet, d. h. das vorhandene Material wird ergänzt, geordnet, ausgewertet und zu Wortartikeln verarbeitet.

Bei der Bearbeitung des Wortstreckenabschnitts *dementsprechend – diesig* fiel mir auf, dass in den Banater deutschen Mundarten das Vorkommen der *der*-Verben nicht – wie zu erwarten – auf die bairischen Belegorte beschränkt ist, sondern dass solche Verben auch in anderen Mundartgruppen vertreten sind. Es ist daher Ziel vorliegenden Beitrags, die Verbreitung der *der*-Verben in den Banater deutschen Mundarten zu untersuchen sowie eventuelle Bildungsrestriktionen bzw. besonders häufige Bildungen herauszustellen. Dabei dienen die Belege des Wörterbucharchivs als Materialgrundlage, und zwar sowohl jene, die aus direkten Aufnahmen stammen, wie auch jene, die der Mundartliteratur entnommen wurden.

2 *der*-Verben als Besonderheit der bairischen Mundarten

Wenn man von dem verbalen Präfix *der-* spricht, so wird es stets als das „wichtigste der bairischen Vorsilben"[1], als „Kernmorphem des Bairischen" bzw. als „bairisches Shibboleth"[2] betrachtet.

Die Forschungsliteratur zum verbalen Präfix *der-* untersucht hauptsächlich dessen Entsprechungen und Semantik und unternimmt Unterteilungen seines Bedeutungsumfangs. So wird *der-* meist als bairische Entsprechung für standardsprachliches *er-*, aber auch für *ver-* und *zer-* interpretiert; es wird auch darauf hingewiesen, dass *der-* in bestimmten Bildungen keine direkte standardsprachliche Entsprechung hat:

> Typisch bairisch ist die bei Verben sehr häufige *Vorsilbe der-*, die anstatt von schriftsprachlichem „er-", „zer-" oder „ver-" steht oder aber ganz eigenständige, nicht direkt in die Hochsprache übertragbare Wörter ergibt: *derbarmen, derschrecken, derschlagen, derhungern, derfressen, sich derrennen* (erbarmen, erschrecken, er-/zerschlagen, verhungern; „aufessen können", „sich zu Tode rennen", verünglücken").[3]

Laut Ahldén[4] steht *der-* im Bairischen manchmal auch für die Präfixe *be-* und *ent-*: *derantworten, dertrügen, sich derklagen* für standardsprachlich *beantworten, betrügen, sich beklagen/beschweren; sich derhalten, derlaufen, derkommen, derwischen* etc. für *sich enthalten, entlaufen, entkommen, entwischen*.[5]

Auch Schmeller[6] spricht von *der*-Verben, die eine Entsprechung im Hochdeutschen haben, und solchen, denen durch das Präfix *der-* eine „eigene intendierende Kraft" zukommt, und die nur im Bairischen vorkommen. Ahldén

---

1 Merkle, Ludwig: *Bairische Grammatik*. Hugendubel: München 1993, S. 82.

2 Eichinger, Ludwig M.: „*Der-*, aspektuelles Präfix und bairisches Shibboleth". In: Tatzreiter, Herbert/Hornung, Maria/Ernst, Peter (Hrsg.): *Erträge der Dialektologie und Lexikographie. Festgabe für Werner Bauer zum 60. Geburtstag*. Edition Praesens: Wien 1999, S. 61.

3 Zehetner, Ludwig: *Das bairische Dialektbuch*. C. H. Beck: München 1985, S. 56–57.

4 Ahldén, Tage: *der-* = *er-*. *Geschichte und Geographie*. (Acta Universitatis Gotoburgensis/Göteborgs Högskolas Årsskrift 59). Wettergren & Kerbers Förlag: Göteborg 1953, S. 144.

5 Vgl. dazu auch Bauer, Werner: „Das bairische Präfix *der-*". In: Wiesinger, Peter/Bauer, Werner/Ernst, Peter (Hrsg.): *Probleme der oberdeutschen Dialektologie und Namenkunde. Vorträge des Symposiums zum 100. Geburtstag von Eberhard Kranzmayer. Wien 20. – 22. Mai 1997*. Edition Praesens: Wien 1999, S. 125–126.

6 Schmeller, Johann Andreas: *Bayerisches Wörterbuch. Band 1*. 4. Neudruck der von G. Karl Frommann bearb. 2. Auflage München 1872–1877. Oldenbourg: München, Wien und Scientia: Aachen 1983, S. 531–532.

differenziert eine „intensiv-exhaustive Gruppe", die Entsprechungen in der Standardsprache hat, und eine „instrumental-resultative Gruppe" von der-Verben, die auf das Bairische beschränkt ist.[7] Merkle stellt fest, dass das typisch bairische der- „die erfolgreiche Vollendung einer Tätigkeit" ausdrückt, „wobei das Ergebnis von unterschiedlicher Art sein kann".[8] Er nennt die der-Verben Erfolgsverben. Bauer unterscheidet fünf semantische Funktionen des Präfixes der-, das Folgendes ausdrücken kann:

1. „das physische und psychische Vermögen, das Im-Stande-Sein, die Fertigkeit […], die durch die Wortbasis ausgedrückte Tätigkeit zu vollbringen"
2. „das Versetzen oder Geraten in einen Zustand"
3. „das Erreichen, Erzielen eines Ergebnisses"
4. „die Steigerung der im Simplex genannten verbalen Handlung"
5. lexikalisierte Bedeutung bei einer Reihe von Verben, bei denen für der- kein eindeutiges Bedeutungsmerkmal festgestellt werden kann.[9]

Sonnenhauser spricht von „Fähigkeit und Resultat" bzw. „Fähigkeit", „Versuch" und „Resultat" als Bedeutungskomponenten von bair. der-, aber auch von einer spezifischen Form der Modalität, die sie „zirkumstantielle Modalität" nennt und als „Fähigkeit eines Subjekts angesichts bestimmter situationeller Gegebenheiten eine Handlung bis zu einem bestimmten Endpunkt hin erfolgreich auszuführen" definiert.[10]

Laut Merkle[11] kann man „eine endlose Zahl" von Verben „durch Voransetzen der Silbe der- bei Bedarf zu Erfolgsverben machen", trotzdem könne nicht jedes Verb mit der- präfigiert werden. Die Forschungsliteratur[12] stellt beim Präfix der- eine Präferenz für transitive und dynamische Simplexverben fest, während „intransitive oder stative Verben für eine der-Präfigierung nicht in Frage kommen oder einen sehr expliziten Kontext benötigen", was somit auf bestimmte „Restriktionen hinsichtlich der Produktivität" hinweist.[13]

---

7   Ahldén 1953, S. 145.
8   Merkle 1993, S. 82.
9   Bauer 1999, S. 122–126.
10 Sonnenhauser, Barbara: „Zur der-Präfigierung im Bairischen". In: Scholze, Lenka/Wiemer, Björn (Hrsg.): *Von Zuständen, Dynamik und Veränderung bei Pygmäen und Giganten. Festschrift für Walter Breu zu seinem 60. Geburtstag.* Universitätsverlag Dr. N. Brockmeyer: Bochum 2009, S. 65–66 u. S. 84–85.
11 Merkle 1993, S. 84.
12 Vgl. Bauer 1999, S. 120; Eichinger 1999; Sonnenhauser 2009, 2012.
13 Sonnenhauser, Barbara: „Zirkumstantielle Modalität im Bairischen. Das verbale Präfix der-". *Zeitschrift für Dialektologie und Linguistik* 79, 1/2012, S. 74.

3 *der*-Verben in den Banater deutschen Mundarten

Dass das Präfix *der*- im Binnendeutschen nicht nur auf den bairischen Sprachraum beschränkt ist, wird bereits früh in der Forschungsliteratur beobachtet. So stellt schon Behaghel[14] fest, dass *der*- außer im Bairischen auch „im Elsässischen, [...] Ostfränkischen [...], Altenburgischen, Obersächsischen, Schlesischen [...]" anzutreffen ist. In seiner dem Präfix *der*- gewidmeten Untersuchung spricht Ahldén[15] davon, dass das Präfix *der*- bereits im 14.-15. Jahrhundert nicht nur in Bayern und Österreich, sondern auch in Schwaben, Ostfranken, Thüringen, Obersachsen, Böhmen, Mähren, in der Zips, in Schlesien, Posen sowie im mitteldeutschen Nordosten verbreitet war, aber auch in mittelniederdeutschen Belegen vorkommt. Im 18.-20. Jahrhundert sei *der*- außer in Oberdeutschland (hauptsächlich in Bayern und Österreich[16]), auch im Elsass sowie in bairischer Nachbarschaft im alemannischen Sprachraum, in Ostfranken, in Ostmittel- und Niederdeutschland belegt. Es wird deutlich, dass zwar das Hauptverbreitungsgebiet das bairische Gebiet ist, dass sich trotzdem auch außerhalb dieses Gebietes *der*-Verben finden, allerdings nicht in rheinfränkischen Mundarten.

Aufgrund dieser Befunde zur Verbreitung der mit *der*- präfigierten Verben, ist zu erwarten, dass im Banat das Vorkommen dieser Verben auf die bairischen Mundarten des Kreises Karasch-Severin und der Städte sowie auf die ost- und südfränkischen Mundarten des Kreises Arad beschränkt ist. Was aber bei der Bearbeitung der Wortstrecke auffiel, war die Tatsache, dass auch in den Banater deutschen Mundarten rheinfränkischer Prägung *der*-Verben bei den Aufnahmen verzeichnet wurden; allerdings seltener als in den beiden anderen Mundartgruppen. Aus der alemannischen Mundart von Saderlach ist kein Beleg für *der*-Verben vorhanden.

4 Materialgrundlage und Hypothesen

Ausgehend von diesen Überlegungen, wurden folgende Hypothesen aufgestellt:

1. Die bairischen und ost- und südfränkischen *der*-Verben im Banat haben standardsprachliche Entsprechungen mit *er*-, *ver*-, *zer*- und rheinfränkische Entsprechungen mit *ver*-.

---

14 Behaghel, Otto: *Geschichte der deutschen Sprache*. 5., verbesserte und stark erweiterte Auflage Walter de Gruyter: Berlin, Leipzig 1928, S. 390.

15 Vgl. Ahldén 1953.

16 Tirol, Kärnten, Steiermark, Burgenland, Niederösterreich, Oberösterreich, Innviertel, Salzburg, Böhmen, Altbayern, Nürnberg, Regensburg, Egerland, Tirol, Oberitalien, Gottschee.

2. Es liegen dieselben Restriktionen und Präferenzen wie in den binnendeutschen Mundarten vor.

3. *Der*-Verben kommen in den rheinfränkischen Mundarten mit bairischen Elementen und in der rheinfränkischen Verkehrsmundart im Banat vor, nicht in den übrigen rheinfränkischen Mundarten des Banats.

Um die aufgestellten Hypothesen zu verifizieren, wurde eine Korpusanalyse durchgeführt, auf die im Weiteren eingegangen wird.

Da das untersuchte Mundartmaterial aus dem Archiv des *Wörterbuchs der Banater deutschen Mundarten* stammt, muss vorab einiges geklärt werden. Das Material ist heterogen, was den Umfang und die Vollständigkeit der Aufnahmen betrifft, da es ursprünglich für unterschiedliche Zwecke gesammelt wurde.[17] Konsequent wurden die mundartlichen Formen der Verben (Infinitiv und Perfekt Indikativ) in phonetischer Transkription aufgenommen, dazu Belegsätze und Bedeutungserklärungen. Es gibt aber auch Belegzettel, auf denen lediglich die mundartliche Verbform phonetisch transkribiert ist, ohne jedoch Beispielsätze und/oder Bedeutungserklärungen zu bieten. Bei der Korpusanalyse wurden diese Belege zwar berücksichtigt, jedoch geben sie weder Auskunft über syntaktische, noch über semantische Fragen, sondern weisen lediglich nach, dass die entsprechenden Verben belegt sind.

Bei den Belegen handelt es sich sowohl um direkt aufgenommene authentische Belege als auch um Belege, die aus der Mundartliteratur stammen. Die direkt aufgenommenen Belege stammen aus unterschiedlichen Ortsmundarten, während die Belege aus der Mundartliteratur häufiger der rheinfränkischen Verkehrsmundart der Banater Dörfer und der bairisch-österreichischen Stadtmundart von Reschitza zugehören.

Es sei an dieser Stelle bemerkt, dass kein Anspruch auf Vollständigkeit des Korpus besteht, da lediglich das Mundartmaterial zu den Buchstaben D (*der-*) und E (*er-*) ausgewertet wurde. Das Material zu V (*ver-*) und Z (*zer-*) ist unvollständig eingeordnet und muss systematisiert und durch Exzerpierung der Diplomarbeiten ergänzt werden, sodass es nicht ausgewertet werden konnte.

---

17 Es wurde ursprünglich Material für eine klare Einteilung der Banater deutschen Mundarten gesammelt, später sammelte man Material für ein Wörterbuch sowie für eine Grammatik dieser Mundarten. Bestimmte Fragestellungen wurden dabei eingehender behandelt, andere oberflächlicher.

5 Korpusanalyse

Wie eingangs erwähnt, sind *der*-Verben im Banat nicht nur in den Mundarten mit bairischer Hauptcharakteristik anzutreffen, sondern auch in den Mischmundarten mit ost- und südfränkischem sowie in solchen mit rheinfränkischem Hauptmerkmal. Dabei überwiegen die bairischen Belege[18], gefolgt von Belegen in den ost- und südfränkischen Mundarten. Einige dieser Verben kommen nur in einer Mundartgruppe vor, andere sind in mehreren Mundartgruppen belegt. Es muss erwähnt werden, dass unter den *der*-Belegen der rheinfränkischen Mundarten häufig Belege aus der rheinfränkischen Verkehrsmundart der Banater Heidedörfer anzutreffen sind.

Laut Forschungsliteratur weist im Bairischen das Präfix *der*- eine Präferenz für transitive und dynamische Verben vor, deshalb wurden auch für die Banater deutschen Verbbelege die Parameter Transitivität/Intransitivität sowie Aktionsart und Situationsklasse berücksichtigt. Außerdem wurde auf die Kombinierbarkeit mit anderen Präfixen und Partikeln geachtet, auf das Vorkommen mit *kaum*, *im Moment* und *gerade*, auf das Vorkommen mit durativen Zeitadverbien oder Adverbien der Zeitspanne, sowie auf die semantischen Funktionen des Präfixes. Da im Bairischen häufig bei den *der*-Belegen auch ein Modalitätsfaktor ermittelt wurde, wurde auch das Vorkommen der Modalverben *können/mögen* in den Banater deutschen Belegen beachtet.

5.1 Häufigkeit und Verbreitung der *der*-Verben

Bei der Bearbeitung der Wortartikel zum Buchstaben D wurden 43 *der*-Verben in 247 Satzbelegen (294 Wortbelege) ermittelt. Davon sind 33 *der*-Verben in den bairischen Mundarten des Banats belegt, 22 in den ost-und südfränkischen Mundarten, während in den rheinfränkischen Mundarten 8 *der*-Verben belegt sind. Aus den bairisch-fränkischen Mischmundarten stammen drei Belege. In einigen Fällen handelt es sich um Einzelbelege (25), in anderen Fällen sind es verbreitete Verben, die in fast allen deutschen Mundarttypen des Banats vorkommen.

Bei 42 der 43 ermittelten *der*-Verben handelt es sich um solche, denen in der Standardsprache mit *er*-, *ver*- oder *zer*- präfigierte Verben entsprechen. Lediglich ein Verb – *derreizen* – hat keine präfigierte standardsprachliche Entsprechung. In den rheinfränkischen Mundarten des Banats haben viele der aufgezählten *der*-Verben *er*- oder *ver*-Verben als Heteronyme, sowie unterschiedliche Partikelverben. 17 *der*-Verben kommen nur in den bairischen Mundarten vor (s. Tab. 1):

---

18 Hinzu werden auch die wenigen Belege in den bairisch-fränkischen Mischmundarten gezählt.

Tab. 1: der-Verben in den bairischen Mundarten des Banats

	Beleg	Beleganzahl	Mundarttyp
1.	derarbeiten	1	B[a]
2.	derbarmen	1	B
3.	derbeißen	1	B
4.	dererben	1	B
5.	derhängen	1	B
6.	derheiraten	3	B
7.	derhitzen	1	B
8.	derholen	1	B
9.	derhungern	1	B
10.	derkälten	1	B
11.	derkrappeln	1	B
12.	derlernen	2	B
13.	derreizen	1	B
14.	derscheinen	2	B
15.	derstechen	1	B
16.	dertränken	1	B
17.	derwürgen	2	B
	Gesamt	**22**	

[a] B = Bairische Mischmundarten.

Sieben Verben sind nur in den ost- und südfränkischen Mundarten des Kreises Arad belegt (s. Tab. 2):

Tab. 2: der-Verben in den ost- und südfränkischen Mundarten des Banats

	Beleg	Beleganzahl	Mundarttyp
1.	derblicken	6	O[a]
2.	derfragen	1	O
3.	derlustieren	1	O
4.	derobern	1	O
5.	dersparen	2	O
6.	dersticken	1	O
7.	dertappen	1	O
	Gesamt	**13**	

[a] O = Ost- und südfränkische Mischmundarten.

Nur zwei Verben kommen ausschließlich in den rheinfränkischen Mundarten vor: *derkennen* (1 Beleg) und *derwehren* (1 Beleg). In mehreren Mundarttypen sind folgende 17 Verben belegt (s. Tab. 3):

Tab. 3: der-Verben, die in mehreren Mundarttypen des Banats vorkommen

	Beleg	Beleganzahl	Mundarttyp
1.	derfrieren	4	O, B
2.	dergelangen	2	O, B
3.	derhalten	2	R[a], O
4.	derlauben	2	O, B
5.	derleben	18	R, O, B, B-F[b]
6.	dernähren	6	R, B
7.	derraten	2	R, O, B
8.	derreichen	6	O, B
9.	dersaufen	5	O, B, B-F
10.	derschießen	9	O, B
11.	derschlagen	42	O, B, B-F
12.	derschrecken	14	O, B
13.	derwähnen	2	O, B
14.	derwarten	5	R, O, B
15.	derwirtschaften	4	R, B
16.	derwischen	103	R, O, B
17.	derzählen	15	O, B
	Gesamt	**24**	

[a] R = Rheinfränkische Mischmundarten.
[b] B-F = Bairisch-fränkische Mischmundarten.

Am häufigsten sind folgende Verben belegt: *derwischen* (103 Wort-, 95 Satzbelege in drei Mundarttypen: R, O, B), *derschlagen* (42 Wort-, 38 Satzbelege in drei Mundarttypen: O, B, B-F), *derleben* (18 Wort-, 17 Satzbelege, vier Mundarttypen: R, O, B, B-F), *derzählen*[19] (15 Wort-, 14 Satzbelege, zwei Mundarttypen: O, B) und *derschrecken*[20] (14 Wort-, 11 Satzbelege, zwei Mundarttypen: O, B).

5.2 Transitivität/Intransitivität/Reflexivität

Die Analyse der Simplexverben hinsichtlich des Parameters Transitivität ergab Folgendes: 30 Simplizia sind transitiv, sieben sind intransitiv; bei sechs

---

19 In den rheinfränkischen Mundarten *verzählen*.
20 In den rheinfränkischen Mundarten *verschrecken*.

*der-*Verben ist kein Simplex vorhanden, um eine Aussage diesbezüglich machen zu können (*derbarmen, derkälten, derlauben, derlustieren, derobern, dersticken*). Im Falle der intransitiven Simplizia hat das Präfix *der-* transitivierende Funktion:

Wie se me *deblickt* hat, is'e nåigånge. (Sanktanna, O)
I kånn's kååm *dewarte*, dess d'Sei gschlacht wärre. (Sanktanna, O)

Die Analyse der *der*-Belege hinsichtlich des Parameters Transitivität/Intransitivität/Reflexivität ergab ein sehr deutliches Vorwiegen der transitiven Verben: 29 *der*-Verben werden nur transitiv verwendet, während sechs *der*-Verben intransitiv sind und eines über eine transitive und eine intransitive Variante verfügt (*derzählen*). Reflexiv gebraucht werden acht Verben.

Transitiv:
De Wulf hot's Röi *debissn* un d'Hirt aafgfressn. (Weidenthal, B)
Wie se me *deblickt* hat, is'e nåigånge. (Sanktanna, O)
Un derhaam han ich zwai aldi Elder ghat, die han ich misse *dernähre* vum Milidär aus. (Morawitz, R)
Ja, viel ha me *delebt*, viel ha me gsehge. (Neuarad,[21] B-F)

Intransitiv:
Laute oolte Leit hån ii dehuem, miä möisme ålle *dehungen*. (Wolfsberg, B)
In groußn Teich sein schu viele *desoffn*. (Orawitz, B)
[…] nach a kuazn Zeit is nebntran ta zwaati Staan langsam *taschienan*. (Reschitz, B[22])
Mosst nie glei *deschrickng*. (Lindenfeld, B)

Transitiv und intransitiv:
Wem hot eä de Gschicht *dezöllt*? (Franzdorf, B)
Abe mei Voda hot imme *dazählt*, die Oltn bei de Oosiedlung, die hobn's noch schweare ghabt. (Altsadowa,[23] B)
Des is der, vun dem wås ich *derzählt* håb. (Karansebesch, B)

Reflexiv:
[…] und *dehängt* se. (Wolfsberg, B)
Tea oami Pubi muss sich *daholn* kehn […] (Reschitz, B[24])
Dee hat sich åbe sou långsåm nach deare lången Kränkheit *dekrapplt*. (Orawitz, B)
[…] dass ich mich vor lauter Briefe, Vorschläch un Mitarweite nimmer wer *derwihre* kenne […] (R[25])

---

21 Konschitzky, Walther: *Dem Alter die Ehr. Lebensberichte aus dem Banat. I. Band.* Kriterion: Bukarest, 1982, S. 281.
22 Windberger-Szélhegyi, Karl: *Mia Reschitzara. Earinnerungan mit Ealebnissn von Anno dazumal.* Hrsg. von Erwin Josef Ţigla. Banatul Montan: Reschitza 2008, S. 371.
23 Konschitzky 1982, S. 268.
24 Windberger-Szélhegyi 2008, S. 441.
25 *Neue Banater Zeitung (NBZ).* Mundartbeilage Pipatsch, 03.11.1974, S. 4.

5.3 Aktionsart und Situationsklasse

Während die Aktionsart die semantische Klassifikation der Verben ohne Berücksichtigung ihrer syntaktischen Umgebung visiert[26], zielt die Situationsklasse auf die Klassifikation von Situationen, die vom Verb und seiner syntaktischen Umgebung gebildet werden.[27]

Hinsichtlich der Aktionsart konnte festgestellt werden, dass die Simplizia, die mit *der-* präfigiert wurden, vorwiegend perfektiv sind.[28] Die *der-*Verben sind ausnahmslos perfektiv.

In Anlehnung an Thieroff[29] wird in vorliegender Arbeit von vier Situationsklassen ausgegangen: statische, atelische, telische und punktuelle, wobei die atelischen, telischen und punktuellen Situationen als dynamische Situationen zusammengefasst und den statischen gegenübergestellt werden. In den untersuchten Belegen sind, mit Ausnahme von sieben Situationen, alle anderen dynamisch. Da die Situationsklassen sich auf Eigenschaften der Situationen und nicht auf Eigenschaften der Verben beziehen, konnte im Falle der sieben Verben, zu denen Satzbelege fehlen, keine Aussage gemacht werden. Es handelt sich um die Verben: *derarbeiten, derfragen, derkälten, derlustieren, derreizen, dersticken, dertappen.* Es ist anzunehmen, dass auch hier dynamische Situationen vorliegen könnten.

5.3.1 Kombinierbarkeit mit durativen Adverbien und Adverbien der Zeitspanne

Obwohl in vielen Belegen Temporalangaben vorkommen, sind die wenigsten davon Adverbien der Zeitdauer (seit/bis wann? für wie lange?) bzw. durative Adverbien (wie lange?). Die Kombinierbarkeit mit Adverbien der Zeitdauer bzw. mit durativen Adverbien erlaubt eine Unterscheidung der dynamischen Situationen in atelische, telische und punktuelle Situationen. So konnte festgestellt werden, dass die meisten Situationen telisch sind, z. B.:

> Owa weh dir, wenn du **vo heit aan** a Stick Edelwild *daschießt*! (Wolfsberg,[30] B)
> [...] **nach a kuazn Zeit** is nebntran ta zwaati Staan langsam *taschienan*. (Reschitz, B[31])
> **Uf zehn Minute** han mir doch/*derwischt* de Josef Berenz noch. (R[32])

---

26 Vgl. Thieroff, Rolf: *Das finite Verb im Deutschen.* Stauffenburg: Tübingen 1992, S. 25.
27 Vgl. Thieroff 1992, S. 30–35.
28 27 Verben sind perfektiv, durativ sind 10 Verben, bei sechs konnte keine Aussage zu den Simplizia gemacht werden.
29 Vgl. Thieroff 1992, S. 34.
30 Konschitzky 1982, S. 265.
31 Windberger-Szélhegyi 2008, S. 371.
32 NBZ-Pipatsch 19.01.1975, S. 4.

In acht Belegen liegen allerdings atelische Situationen vor, z. B.:

> Sou wås håb i **mei Lebtååch** nit *delebt*. (Orawitz, B)
> [...] wie mer des im Dorf noch **niemols** *derlebt* hat [...] (R[33])
> [...] wenn i noch zehnmal auf ti Welt mecht kumman, kennt i tes **nie** *taleanan*. (Reschitz, B[34])
> Du kannschts **nie** *derrote*. (R[35])

Nur fünf der Situationen sind punktuell:

> Wie se me *deblickt* hat, isé nåigånge. (Sanktanna, O)
> [...] und *dehängt* se. (Wolfsberg, B)
> Mosst nie glei *deschrickng*. (Lindenfeld, B)
> Musst nit gleich *daschreckn*, wenn i a bissl lauda reed. (Reschitz, B)
> Der Karl is aufgwacht un war ganz *derschrocken*. (B[36])

5.3.2 Kombinierbarkeit mit im Moment, gerade und kaum, bald (nicht)

Sonnenhauser[37] sieht die Nicht-Kombinierbarkeit mit *im Moment/gerade* als Beweis dafür, dass *der*-Verben „nicht für aktuell ablaufende Prozesse" verwendet werden können, dass sie also grenzbezogen (perfektiv) sind. Weder *im Moment* noch *gerade* kommen in den 247 Satzbelegen der Banater deutschen Mundarten vor; mit anderen Worten sind alle 43 Verben als perfektiv zu interpretieren.

Was das Vorkommen mit *kaum/bald (nicht)* betrifft, so erscheint *kaum* in einem Beleg und modifiziert den Umfang des Ereignisses quantitativ:

> I kånn's **kååm** *dewarte*, dess d'Sei gschlacht wärre. (Sanktanna, O)

Das Warten wird zwar bis zum Ende durchgehalten (es bleibt dem Subjekt nichts anderes übrig), doch geschieht das unter Anstrengung und ist mit Schwierigkeiten verbunden.

Bald im Sinne von ‚fast, beinahe' erscheint in einem Beleg aus der rheinfränkisch-moselfränkischen Mundart von Neupetsch:

> Et hätt mich doch **bal** *dewischt*. (Neupetsch, R)

---

33 Haupt, Nikolaus: *Wohres un Unwohres uf Schwowisch*. Kriterion: Bucureşti 1989, S. 125.
34 Windberger-Szélhegyi 2008, S. 107.
35 NBZ-Pipatsch 18.05.1985, S. 3.
36 Tietz, Alexander: *Wo in den Tälern die Schlote rauchen. Ein Lesebuch*. Literaturverlag: Bukarest 1967, S. 482.
37 Sonnenhauser 2012, S. 78.

Die Modifikation kann hier als kontrafaktisch interpretiert werden: Das Erwischen hat nicht stattgefunden. Ganz anders ist in den typisch bairischen *der*-Belegen die Modifikation mit *fast (nicht)* als skalar zu interpretieren.[38]

5.4 Kombinierbarkeit mit anderen Präfixen bzw. Partikeln

Eine Kombination mit anderen Präfixen oder Partikeln konnte bei den in den Banater deutschen Mundarten vorhandenen *der*-Verben weder in den ost- und südfränkischen noch in den rheinfränkischen Mundarten des Banats festgestellt werden. Lediglich beim Verb *dergelangen* liegt in der bairischen Mundart von Steierdorf eine Kombination mit dem Präfix *ge-* vor. In der südfränkischen Mundart von Sanktanna, wo dieses Verb auch belegt ist, fehlt das Präfix *ge-*:

> Du *delångscht* de Autobus nemme. (Sanktanna, O)

5.5 Vorkommen mit dem Modalverb *können/mögen*

Nur in sechs Belegen stehen *der*-Verben zusammen mit dem Modalverb *können* und drücken so eine ‚Fähigkeit‘ aus. Es handelt sich hier jedoch nicht um die zirkumstanzielle Modalität, die Sonnenhauser[39] für die typisch bairischen Belege beschreibt:

> Schau, dascht vun do verschwinscht, sunscht **kannscht** noch was *derlewe!* (R[40])
> […] wenn i noch zehnmal auf ti Welt mecht kumman, **kennt** i tes nie *taleanan.* (Reschitz, B[41])
> Du **kannschts** nie *derrote.* (R[42])
> **Kann** mr jo aa nix Gscheits *derwarte.* (R[43])
> […] dass ich mich vor lauter Briefe, Vorschläch un Mitarweite nimmer wer *derwihre* **kenne** […] (R[44])
> De Vetter Kasper hat, was er nor verdiene und *derwertschafte* **hat kenne**, for sei Enziche ausgin […] (R[45])

---

38 Vgl. Sonnenhauser 2012, S. 79–80.
39 Vgl. Sonnenhauser 2012.
40 Haupt 1989, S. 137.
41 Windberger-Szélhegyi 2008, S. 107.
42 NBZ-Pipatsch 18.05.1985, S. 3.
43 Haupt 1989, S. 156.
44 NBZ-Pipatsch 03.11.1974, S. 4.
45 NBZ-Pipatsch 05.12.1976, S. 4.

5.6 Semantische Funktion von *der-*

Was die semantische Funktion von *der-* betrifft, so konnten für das Präfix *der-* folgende Bedeutungen ermittelt werden:

1. Eintreten oder plötzlicher Beginn der Tätigkeit
2. Vollendung, vollständige Durchführung
3. Zweck/Absicht
4. Erreichen eines Ergebnisses
5. Steigerung, Intensivierung des Geschehens
6. lexikalisierte Verwendung

Die für das bair. *der-* typische Bedeutung ‚vermögen oder imstande sein, die durch das Simplex ausgedrückte Tätigkeit auszuführen‘[46] wurde nicht ermittelt.

Dass die *der-*Verben einen festen Platz in den Banater deutschen Mundarten haben, zeigt auch die Tatsache, dass sie in Phraseologismen vorkommen. So findet man nicht nur in den bairischen und ost- und südfränkischen Mundarten des Banats idiomatische Wendungen mit *der-*Verben, sondern auch in den rheinfränkischen:

Redewendung: in Flagranti *derwischt* (Perjamosch, R) – ‚auf frischer Tat ertappt‘
Redensarten: Schau, dascht vun do verschwinscht, sunscht kannscht noch was *derlewe*!
(R[47]) – ‚auf etwas gefasst sein‘
Et hätt mich doch bal *dewischt*. (Neupetsch, R); Aaa mi hot's *dawischt*. (Wolfsberg, B); Den hāts ābl *dewischt*. (Wolfsberg, B); […] so hats mich jetz doch a bißl – wie soll ich nor saan – *derwischt* […] (R[48]) – ‚es ist plötzlich über jmdn. gekommen‘
[…] alles *derfscht* mache, nor *derwische* losse net. (R[49]) – ‚sich ertappen lassen‘
Sprichwörter: Gscheiter a ganzes Regiment Soldaten *derschlagen*, als wie a Kind ohni Tauf begraben. (B[50])
Wos mer iän *deheiret*, brauch me si nit *dewi(r)tschäftn*. (Wolfsberg, B); Wos me *deheiret*, brooch me net *dewiätschäftn*. (Weidenthal, B)
Dea nicks *daheirat* und nicks *daeabt*, bleibt oam bis'a steabt. (Reschitz, B)

---

46 Vgl. Bauer 1999.
47 Haupt 1989, S. 137.
48 Schwarz, Ludwig: *De Kaule-Baschtl, Band I*. Facla: [Temeswar] 1977, S. 85.
49 NBZ-Pipatsch 05.12.1976, S. 4.
50 Tietz 1967, S. 82.

6 Schlussfolgerungen

Aufgrund der Korpusanalyse kann Folgendes festgestellt werden:

Zur Häufigkeit und Verbreitung: *der*-Verben kommen am häufigsten in den bairischen Mundarten des Banats vor (33 unterschiedliche Verben), sind aber auch in den ost- und südfränkischen Mundarten des Kreises Arad gut vertreten (22 unterschiedliche Verben). Acht Verben sind in den rheinfränkischen Mundarten belegt, davon kommen zwei nur in diesen Mundarten vor. Einige *der*-Verben sind sehr verbreitet, während es von anderen wenige Belege oder nur Einzelbelege gibt. Am verbreitetsten ist das Verb *derwischen* (mit 103 Wort-/95 Satzbelegen aus den 158 Ortschaften, die das Ortsnetz des *Wörterbuchs der Banater Mundarten* bilden; vertreten in drei Mundartgruppen: R, O, B). Auch verbreitet sind *derschlagen* (42 Wort-/38 Satzbelege, Mundarttypen: O, B, B-F) und *derleben* (18 Wort-/17 Satzbelege, Mundarttypen: R, O, B, B-F). Die meisten Einzelbelege stammen aus den nordbairischen Mundarten von Wolfsberg und Weidenthal, aus der Stadtmundart von Reschitz sowie aus der südfränkischen Mundart von Sanktanna und der ostfränkischen Mundart von Sanktmartin.

Zu Hypothese (1) Zuordnung: Die bairischen und ost- und südfränkischen *der*-Verben im Banat haben standardsprachliche Entsprechungen mit *er-*, *ver-*, *zer-* und rheinfränkische Entsprechungen mit *er-*, *ver-*. Hinzu kommen die rheinfränkischen Bildungen mit *der-*. Alle gehören zum Typ *der-*₁ und nicht zum bairischen Typ *der-*₂ der Erfolgsverben (‚vermögen, imstande sein, die durch das Simplex ausgedrückte Tätigkeit auszuführen').

Zu Hypothese (2) Bildungsrestriktionen: Es konnte festgestellt werden, dass *der-* meist an transitive Simplizia tritt und dass es bei intransitiven Simplizia transitivierende Funktion hat. Die *der*-Verben sind perfektiv, die Situationen, die in den Satzbelegen vorliegen, sind dynamisch, vorwiegend telisch. Es liegen also dieselben Restriktionen und Präferenzen wie in den binnendeutschen Mundarten, v. a. im Bairischen vor.

Zu Hypothese (3): Das Vorhandensein einiger *der*-Verben in den rheinfränkisch geprägten Mundarten des Banats kann einerseits durch den Einfluss des Bairischen erklärt werden. Die Banater deutschen Mundarten sind Mischmundarten; dort, wo auch Bairisch sprechende Siedler an den Mischungs- und Ausgleichsprozessen beteiligt waren, weisen die Mundarten mit rheinfränkischem Hauptmerkmal auch bairische Einflüsse auf (z. B. *enk/enker, mir/sie sein, Nasalierung vor n, inlautendes -g-* etc.[51]). Belege für *der*-Verben stammen aus einigen dieser Ortschaften,[52] aber auch aus solchen mit Mundarten ohne bairischen Anteil. Für das Vorkommen von *der*-Verben in diesen rheinfränkischen Mundarten könnten die rheinfränkischen Mundarten mit bairischem Anteil sowie die bairischen Mundarten, vor allem die Stadtmundarten, die als *herrisch* oder *nach der Schrift* empfunden wurden, verantwortlich sein. Dass *der*-Verben oft in der rheinfränkischen Verkehrsmundart des Banats belegt sind, kann auch auf eine weitere Stufe des Ausgleichsprozesses zurückgeführt werden: Die Formen, die allen verständlich oder den als Standard empfundenen Stadtsprachen ähneln, werden behalten bzw. ersetzen die als mundartlich empfundenen Formen (auch wenn in Wirklichkeit diese dem Standard näher sind). Aus der Verkehrsmundart können diese Formen dann auch in die Dorfmundarten übergehen. Ein weiterer Erklärungsansatz für das Vorhandensein von *der*-Verben in den rheinfränkischen Mundarten weist auf den Einfluss des Schwäbischen hin, wo solche Verben in „älteren Sprachdenkmälern" anzutreffen sind.[53] Es kann somit angenommen werden, dass diese Verben zum mitgebrachten Wortgut der schwäbischen Siedler gehören und sich mit Unterstützung des Bairischen auch in den rheinfränkischen Mischmundarten des Banats durchgesetzt haben.

Literatur

Mundartquellen

Haupt, Nikolaus: *Wohres un Unwohres uf Schwowisch.* Kriterion: Bucureşti 1989.

Konschitzky, Walther: *Dem Alter die Ehr. Lebensberichte aus dem Banat.* I. Bd. Kriterion: Bukarest 1982.

Neue Banater Zeitung (NBZ). Mundartbeilage *Pipatsch.* Temeswar (1967 ff.).

Schwarz, Ludwig: *De Kaule-Baschtl,* I. Bd. Facla: [Temeswar] 1977.

---

51 Vgl. Kottler, Peter/Irimescu, Ileana/Ivănescu, Alwine/Hâncu, Eveline/Şandor, Mihaela: *Wörterbuch der Banater deutschen Mundarten. Band I (A–C).* (Literatur und Sprachgeschichte 128). IKGS Verlag: München 2013, S. XLV–XLVII.

52 Z. B.: Morawitz, Bakowa, Wetschehausen, Ebendorf, Grabatz, Bentschek, Engelsbrunn, Paulisch, Neupanat, Rekasch, Deutschstamora.

53 Vgl. Fischer, Hermann: *Schwäbisches Wörterbuch. Zweiter Band. D. T. E. F. V.* Verlag der H. Laupp'schen Buchhandlung: Tübingen 1908, S. 158.

Tietz, Alexander: *Wo in den Tälern die Schlote rauchen. Ein Lesebuch.*
Literaturverlag: Bukarest 1967.

Windberger-Szélhegyi, Karl: *Mia Reschitzara. Earinnarungan mit Ealebnissn von
Anno dazumal.* Hrsg. von Erwin Josef Ţigla. Banatul Montan: Reschitza 2008.

Sekundärliteratur

Ahldén, Tage: *der-* = *er-*. *Geschichte und Geographie.* (Acta Universitatis
Gotoburgensis/Göteborgs Högskolas Årsskrift 59). Wettergren & Kerbers
Förlag: Göteborg 1953.

Bauer, Werner: „Das bairische Präfix *der-*". In: Wiesinger, Peter/Bauer, Werner/Ernst,
Peter (Hrsg.): *Probleme der oberdeutschen Dialektologie und Namenkunde.
Vorträge des Symposiums zum 100. Geburtstag von Eberhard Kranzmayer. Wien
20. – 22. Mai 1997.* Edition Praesens: Wien 1999, S. 118–134.

Behaghel, Otto: *Geschichte der deutschen Sprache.* 5., verbesserte und stark
erweiterte Auflage Walter de Gruyter: Berlin, Leipzig 1928.

Eichinger, Ludwig M.: „*Der-*, aspektuelles Präfix und bairisches Shibboleth".
In: Tatzreiter, Herbert/Hornung, Maria/Ernst, Peter (Hrsg.): *Erträge
der Dialektologie und Lexikographie. Festgabe für Werner Bauer zum 60.
Geburtstag.* Edition Praesens: Wien 1999.

Fischer, Hermann: *Schwäbisches Wörterbuch. Zweiter Band. D. T. E. F. V.* Verlag
der H. Laupp'schen Buchhandlung: Tübingen 1908.

Kottler, Peter/Irimescu, Ileana/Ivănescu, Alwine/Hâncu, Eveline/Şandor,
Mihaela: *Wörterbuch der Banater deutschen Mundarten. Band I (A-C).*
(Literatur und Sprachgeschichte 128). IKGS Verlag: München 2013.

Merkle, Ludwig: *Bairische Grammatik.* 5. Auflage, Hugendubel: München 1993.

Schmeller, Johann Andreas: *Bayerisches Wörterbuch. Band 1.* 4. Neudruck
der von G. Karl Frommann bearb. 2. Auflage München 1872–1877.
Oldenbourg: München, Wien und Scientia: Aachen 1983.

Sonnenhauser, Barbara: „Zur *der*-Präfigierung im Bairischen". In: Scholze,
Lenka/Wiemer, Björn (Hrsg.): *Von Zuständen, Dynamik und Veränderung bei
Pygmäen und Giganten. Festschrift für Walter Breu zu seinem 60. Geburtstag.*
Universitätsverlag Dr. N. Brockmeyer: Bochum 2009, S. 75–93.

Sonnenhauser, Barbara: „Zirkumstantielle Modalität im Bairischen. Das verbale
Präfix *der-*". *Zeitschrift für Dialektologie und Linguistik* 79, 1/2012, S. 65–88.

Thieroff, Rolf: *Das finite Verb im Deutschen.* Stauffenburg: Tübingen 1992.

Vendler, Zenon: *Linguistics in Philosophy.* Cornell University Press: Ithaca, 1967.

Zehetner, Ludwig: *Das bairische Dialektbuch.* C.H. Beck: München 1985.

Alwine Ivănescu

Darüber, dardarüber, dadardarüber. Zu den da(r)-Pronominaladverbien in den Banater deutschen Mundarten

Abstract: This paper is based on a corpus analysis of the German dialects of Banat, focusing on the pronominal adverbs formed of the adverb *da* and different prepositions. The analysis results show that pronominal adverbs in the German dialects of Banat are having more structure variants than the German standard language and only one additional function.

Keywords: German dialects of the Romanian Banat, pronominal adverbs, morphology

1 Einleitung

Vorliegende Arbeit ist eine korpusbasierte Untersuchung zu den Varianten und Verwendungsweisen der *da(r)*-Pronominaladverbien in den Banater deutschen Mundarten, wofür das im Archiv des *Wörterbuchs der Banater deutschen Mundarten* vorhandene Material herangezogen wurde. Die verwendeten dialektalen Belege, die den Sprachstand der zweiten Hälfte des 20. Jahrhunderts widerspiegeln, sind teilweise authentische Mundartaufnahmen, teilweise Beispielsätze aus der Banater deutschen Mundartliteratur. Vertreten sind alle Dialekttypen der Banater deutschen Varietäten, u. zw. die rheinfränkischen, die alemannische, die ost- und südfränkischen, die bairischen und die bairisch-fränkischen Mischmundarten. Da im Korpus die rheinfränkischen Mundarten am besten vertreten sind und ein Teil der Zettel nur Wortformen ohne Kontexte enthält, ist eine umfassende Beschreibung der *da(r)*-Pronominaladverbien nicht möglich.

2 Varianten der *da(r)*-Pronominaladverbien in den Banater deutschen Mundarten

Pronominaladverbien werden aufgrund ihrer Bildungsweise und ihres geschlossenen Paradigmas in den meisten Grammatiken der deutschen Standardsprache als eigene Klasse behandelt: Der erste Bestandteil ist eines der Adverbien *da-*, *hier-* oder *wo-*, der zweite Bestandteil eine einfache Präposition[1]. Allerdings ist

---

1 Begriff: *Duden. Die Grammatik. Unentbehrlich für richtiges Deutsch*, 7. Auflage, hrsg. von der Dudenredaktion. Dudenverlag: Mannheim et al. 2005, S. 607.

die Anzahl der Präpositionen, die eine solche Verbindung eingehen können, beschränkt.[2] In den deutschen Dialekten gibt es nicht nur Präpositionen, die der Standardsprache teilweise unbekannt sind und der Bildung von Pronominaladverbien dienen können, wie z. B. *ab, ober, längs, sonder, während, wegen*,[3] sondern auch mehrere Strukturvarianten von Pronominaladverbien.

Im Folgenden werden die für die Banater deutschen Mundarten belegten Varianten der *da(r)*-Pronominaladverbien beschrieben.

2.1 Einfache Pronominaladverbien

Darunter sind die Verbindungen *da(r)-* + einfache Präposition zu verstehen. Diese Bildungen kommen sowohl in der Standardsprache als auch in den Dialekten vor. In den Banater deutschen Mundarten sind als zweiter Bestandteil dieser Adverbien dieselben Präpositionen belegt, die auch in der Standardsprache eine Verbindung mit dem Adverb *da-* eingehen können (*an, auf, aus, bei, durch, für, gegen, hinter, in, mit, nach, neben, über, um, unter, von, vor, wider, zu* und *zwischen*).

Bezüglich der Struktur der einfachen Pronominaladverbien kann festgestellt werden, dass vor vokalisch anlautender Präposition das *r* im *da(r)*-Element – meist mit Ausfall des Vokals – in allen Banater deutschen Ortsmundarten vorhanden ist (z. B. *draus, dro^un, dribber*, aber mancherorts auch: *darin, dårum*). Vor konsonantisch anlautender Präposition ist das *r* im Großteil der rheinfränkischen (z. B. *derbåi, drdorch, de(r)foor, de(r)geje, derhinner, dermit, dernoo*), nur vereinzelt in den ostfränkischen (z. B. *drnewe*) und bairisch-fränkischen (z. B. *de(r)bei, de(r)geje, dernoch*) und überhaupt nicht in der alemannischen und in den bairischen Mischmundarten belegt.

Der Vokal im *da(r)*-Element fällt in der Regel vor vokalisch anlautender Präposition aus (z. B. *dröö, druff, draus, drin, dribe*), wodurch das *dr*-Element unsilbisch wird. Ausnahmen tauchen beim Pronominaladverb *darum* auf, wo

---

2   Vgl. Duden-Grammatik 2005, S. 586; Helbig, Gerhard/Buscha, Joachim: *Deutsche Grammatik. Ein Handbuch für den Ausländerunterricht*, 5. Auflage. Langenscheidt: Berlin et al. 2005, S. 236–237; Negele, Michaela: *Varianten der Pronominaladverbien im Neuhochdeutschen. Grammatische und soziolinguistische Untersuchungen*. (Studia Linguistica Germanica 108). Walter de Gruyter: Berlin/Boston 2012, S. 10–11.

3   Fleischer, Jürg: *Die Syntax von Pronominaladverbien in den Dialekten des Deutschen. Eine Untersuchung zu Preposition Stranding und verwandten Phänomenen*. (Zeitschrift für Dialektologie und Linguistik, Beiheft 123). Franz Steiner Verlag: Stuttgart 2002, S. 48–65.

neben *da(r)*-Formen mit synkopiertem, auch solche mit vollem oder reduziertem Vokal zu finden sind (z. B. *da(a)rum, dorum, dårum, derum*). Außerdem weisen nur noch zwei einfache Pronominaladverbien den erhaltenen Vokal im *da(r)*-Element auf: *darin/darein* und *darüber*.[4]

Untersucht man den Vokal in *da(r)*-Elementen vor konsonantisch anlautenden Präpositionen, so sind in den Banater deutschen Mundarten verschiedene Strukturen zu verzeichnen. Der reduzierte Vokal [ə] ist in allen Mundarttypen vorherrschend, während der Vokalausfall nur in wenigen rheinfränkischen Ortsmundarten belegt ist: *drbei, drdorch, drfor, drgeje, drgent, drgeger, drhinnr, drhinnert, drmit, drnoo, drnewe(r), drnewet, drnewwert, drvo^u(n), drvor, drvo^{u}r, drwidr, drzu, drzwische*.[5] Trotz synkopiertem Vokal bleibt das *dr*-Element silbisch. Das *da(r)*-Element mit vollem Vokal kommt häufiger in den Banater bairischen Mundarten vor (z. B. *dabei, dahinta, daneebm, dåfje, dånaa, doduər, dohint*), was eine Besonderheit darstellt, da laut Fleischer[6] *da(r)*-Elemente mit unreduziertem Vokal im bairischen Dialektraum nicht belegt sind. Der volle Vokal ist ebenfalls ein Mal in einer ostfränkischen (*dabei*) und vereinzelt in den rheinfränkischen Mischmundarten (z. B. *dafiir, dodorch, donebets*) nachzuweisen.

Die Vokalqualitäten, die in den Banater Mundarten im *da(r)*-Element vorkommen, sind *a, å* und *o*.[7] Außerdem stehen vereinzelt Diphthonge, und zwar in den rheinfränkischen Mundarten: *do^{u}dorch, do^{u}durich, do^{u}newe*.[8]

Obwohl in den dialektalen Aufnahmen der Akzent nicht markiert ist, kann darauf geschlossen werden, dass das *da(r)*-Element mit vollem Vokal akzentuiert wird.

---

4   Diese Formen tauchen in den bairischen und bairisch-fränkischen Mischmundarten auf.

5   Hier sei bemerkt, dass die Ortsmundarten, in denen diese Pronominaladverbformen verwendet werden/wurden, weder demselben Dialektuntertyp angehören, noch benachbart sind.

6   Fleischer 2002, S. 89.

7   Ahd. *ā* ist in den meisten hochdeutschen Dialekten zu offenem *o* geworden, in den rheinfränkischen und ostfränkischen Mundarten zu geschlossenem *o* (vgl. Schirmunski, Viktor: *Deutsche Mundartkunde: vergleichende Laut- und Formenlehre der deutschen Mundarten.* (Veröffentlichungen des Instituts für Deutsche Sprache und Literatur 25). Akademie-Verlag: Berlin 1962, S. 212).

8   „Vereinzelt begegnen verschiedene Typen des Diphthongs auch in mitteldeutschen Mundarten." (Schirmunski 1962, S. 212).

2.2 Kurze Verdoppelungen[9]

Solche Bildungen sind strukturell dadurch gekennzeichnet, dass vor der Präposition zwei *da(r)*-Elemente hintereinander stehen, wie z. B. in *dadarauf* oder *dadanach*. In der Fachliteratur zur deutschen Standardsprache werden sie sehr selten erwähnt, als kontrahierte und gesprochensprachliche Formen, oder als Fehler beschrieben.[10]

Kurze Verdoppelungen sind im ganzen deutschen dialektalen Sprachraum belegt, nichtsdestotrotz erwähnt sie die dialektologische Fachliteratur eher selten.[11] Die eingehenden Untersuchungen von Fleischer haben ergeben, dass es sich vor allem um eine typisch hochdeutsche Konstruktion handelt.[12] In den Banater deutschen Mundarten kommen kurze Verdoppelungen sehr häufig vor, z. B. *doodråån, dodruff, doderfiir, dodrgeje, doodrin, derdriwwert, dedruret*.[13] Die Präpositionen, die zwei *da(r)*-Elemente vor sich nehmen können, sind *an, auf, bei, durch, für, gegen, hinter, in, nach, über, unter, von* und *zu*. Betrachtet man die Dialektzugehörigkeit der Belege, so kann festgestellt werden, dass die kurzen Verdoppelungen nur in den Banater Mischmundarten rheinfränkischen Gepräges vorkommen.

Die beiden *da(r)*-Elemente dieser Adverbien sind folgendermaßen strukturiert: Das *r* ist vor allem im zweiten, selten im ersten *da(r)*-Element (bei den Präpositionen *über* und *unter*) belegt. Bezüglich des Vokals ist zu vermerken, dass das erste *da(r)*-Element entweder den vollen oder den reduzierten Vokal (z. B. *do, de(r)*) und das zweite Element entweder den reduzierten oder den synkopierten Vokal aufweist (z. B. *de(r), dr*).

---

9   Von Fleischer verwendeter Begriff, in Anlehnung an Oppenrieder, Wilhelm: „Preposition Stranding im Deutschen? – Da will ich nichts von hören!" In: Fanselow, Gisbert/Felix, Sascha (Hrsg.): *Strukturen und Merkmale syntaktischer Kategorien*. Narr Verlag: Tübingen 1990, S. 159–173.

10 Vgl. Fleischer 2002, S. 279; Negele 2012, S. 107–108.

11 Die einzige, ausführliche Untersuchung zu den Pronominaladverbien in den deutschen Dialekten, die sich auch mit den kurzen Verdoppelungen beschäftigt und auf die spärlichen Ergebnisse der dialektologischen Literatur aufbaut, ist jene von Jürg Fleischer (2002). Aufgrund von Belegen aus dem ganzen deutschen Dialektgebiet erarbeitet Fleischer unter anderem die Verbreitung der kurzen Verdoppelungen und anderer Strukturvarianten von Pronominaladverbien.

12 Vgl. Fleischer 2002, S. 288.

13 Die Belege wurden in den Zettelkästen des Archivs nicht als eigene Stichwörter angesetzt, was zeigt, dass solche Formen bei Mundartaufnahmen nicht erfragt wurden. Die untersuchten Zufallsbelege befanden sich unter den entsprechenden einfachen Pronominaladverbien eingeordnet.

Sowohl in den zahlreichen authentischen Mundartbelegen, als auch in der Mundartliteratur sind die kurzen Verdoppelungen manchmal als zwei phonische Wörter notiert. Hierfür folgende Beispiele:

*Was willscht mit denne Franzle do*ᵘ *drån?* (Hatzfeld, R[14])
*Do*ᵘ *derfo*ᵘ*r kann ich niks.* (Königshof, R)
Ich men, die denke nit genuch do driwer no. (Sackelhausen, R)[15]

2.3 Distanzverdoppelungen[16]

Distanzverdoppelungen sind Konstruktionen, die aus zwei *da*-Adverbien und einer einfachen Präposition gebildet sind, wobei das erste *da*-Adverb des Pronominaladverbs im Vor- oder Mittelfeld des Satzes stehen kann. Es handelt sich um eine diskontinuierliche Struktur, die in den Grammatiken zur deutschen Sprache kaum Erwähnung findet, mit dem Hinweis, dass es sich um eine dialektale Erscheinung handelt.[17] In der dialektologischen Fachliteratur werden Distanzverdoppelungen öfter, aber nur kurz beschrieben. Laut Fleischer[18] sind diese Formen eher für die hochdeutschen Mundarten typisch, in den niederdeutschen Mundarten tauchen sie selten auf.

Im untersuchten Korpus sind Distanzverdoppelungen nur in den Banater rheinfränkischen Mischmundarten vereinzelt belegt. Es handelt sich um Pronominaladverbien, deren dritter Bestandteil eine der Präpositionen *auf, für, über, um, zu* oder *zwischen* ist:

*Dou is jo ka Zucker **druff**.* (Überland, R)
*[...] do kann ich nix **drfor**.* (Jahrmarkt, R)[19]
*Dou is niks mer **driwwer** zu redde.* (Überland, R)
*Do kräht kä Hahn me **drom**.* (Billed, R)[20]
*Tu'mer de Knowwl hacke? Do is soo vill Unkraut **dezwischn**.* (Kleinsanktpeter, R)

In den angeführten Beispielen steht das erste *da*-Adverb im Vorfeld, der restliche Teil des Pronominaladverbs befindet sich am Satzende oder im Mittelfeld nach Pronomen und vor verbalen Konstituenten.

---

14 R = Rheinfränkische Mischmundart.
15 Beleg aus: Konschitzky, Walther: *Dem Alter die Ehr. Lebensberichte aus dem Banat*, I. Bd. Kriterion Verlag: Bukarest 1982, S. 176.
16 Begriff in Anlehnung an Fleischer 2002, S. 212.
17 Vgl. Fleischer 2002, S. 212–213.
18 Vgl. Fleischer 2002, S. 216, 240–242, 433.
19 Beleg aus: Frombach, Franz: *Phingstnägelcher aus'm Banat in Jahrmarkter Mundart.* Homburg/Saar 1989, S. 57.
20 Beleg aus: *Billeder Heimatblatt.* HOG Billed 1998, S. 53.

2.4 Kurze Verdreifachungen[21]

Diese sind Bildungen, bei denen drei *da(r)*-Elemente vor der Präposition stehen. Für solche Konstruktionen lassen sich laut Fleischer[22] in der dialektologischen Fachliteratur insgesamt sechs sichere Belege für den ganzen deutschen dialektalen Sprachraum finden. Hinzu treten jetzt drei weitere Beispiele[23] aus zwei Banater Ortschaften. Es handelt sich dabei um rheinfränkische Mischmundarten, was die Feststellung Fleischers, dass kurze Verdreifachungen vor allem im Westmitteldeutschen vorkommen,[24] unterstützt.

> *Do^{u}de(r)driwwer rette mer gåår niks mer.* (Grabatz, R)
> *Dooderdriwwert ke'mer schun rette.* (Keglewitschhausen, R)
> *Wie kumm ich jetz do derdriwert[25]?* (Grabatz, R)[26]

Bezüglich der vorhandenen Verdreifachungen kann festgestellt werden, dass innerhalb der Konstruktionen die drei *da(r)*-Elemente verschieden aufgebaut sind. Das erste Element enthält einen vollen Vokal oder einen Diphthong (*doo* bzw. *do^u*), was darauf hinweist, dass dieses akzentuiert sein müsste[27]. Im zweiten Element steht der reduzierte Vokal [ə] (*de(r)* bzw. *der*), im dritten ist er synkopiert (*dr*).

3 Funktionen der *da(r)*-Pronominaladverbien

Funktional verhalten sich die *da(r)*-Pronominaladverbien in den Banater deutschen Mundarten nicht anders als jene der Standardsprache: Sie sind deiktisch (zeigend), anaphorisch (im Text rückweisend) und kataphorisch (im Text vorausweisend) verwendbar. In folgenden Beispielsätzen liegt Deixis vor:

> *Hänk di Låmpn driiwe.* (Wolfsberg, B[28])
> *Leg des do^u druff.* (Aljosch, R)
> *Do leg es driiwer.* (Galscha, O[29])

---

21 Begriff nach Fleischer 2002, S. 326.
22 Vgl. Fleischer 2002, S. 328.
23 Diese Zufallsbelege waren im Archiv unter dem Stichwort *darüber* eingeordnet.
24 Vgl. Fleischer 2002, S. 328.
25 Die Form besteht aus zwei phonischen Wörtern.
26 Beleg aus: Konschitzky, Walther/Hausl, Hugo: *Banater Volksgut. Märchen, Sagen und Schwänke*, I. Bd. Kriterion Verlag: Bukarest 1979, S. 52.
27 In den Aufnahmen ist der Akzent nicht notiert.
28 B = Bairische Mischmundart.
29 O = Ostfränkische Mischmundart.

Für die anaphorische Verwendung der *da(r)*-Pronominaladverbien konnten im Korpus Belege für den Bezug auf ein Substantiv/Substantive, auf eine Nominalphrase (wenn das Bezugssubstantiv einen Begriff oder eine Sache nennt[30]) oder auf einen ganzen Satz gefunden werden:

> *Mir han **di Rein** uff de Dreifuß gstellt un Feie **dedruret** gemacht, dass de Brei wåårm wård.* (Albrechtsflor, R)
> *Wie ich noch klener wor, hat me Ota mer **e Fitchefeil** (‚Schießbogen') gemach un **Ruhr** gschniet for **dermit** schieße.* (Deutschsanktpeter, R)
> *Laaft schnell hem, bringt **Eier große Hairopper** – mir ziehn ne **dermit** raus!*[31]
> ***Die Malterweiwer hun immer Raki** (‚Schnaps') **kaafe gehn misse**; wann de Maaster **dageekn** war, hu'mer Streik gemacht.* (Jahrmarkt, R).

Die nächsten Beispielsätze belegen die kataphorische Verwendungsweise der Pronominaladverbien als Korrelat eines Nebensatzes, eines Infinitivs oder einer Rechtsexplikation[32]:

> *Er is gwaldeedich **druff** (‚besteht darauf'), **dess'me zu ehm tringg kumme**.* (Sanktanna, O)
> *Ich hab mich so schwer **dron** gwehne kenne, **ellonich im Zimmer sein**.* (Bakowa, R)[33]
> *Er hat **druff** gwåårt, 's zu siehn.* (Großsanktpeter, R)
> *[...] un mei Weib war e fleißiches Weib, die hat die Händ **derzu** ghat far de **Tuwak**!* (Wiesenheid, R)[34]

4 Syntaktischer Status der *da(r)*-Pronominaladverbien

4.1 Pronominale Verwendung

So wie die von ihnen ersetzten Präpositionalphrasen können Pronominaladverbien als Objekte, Adverbialien und Attribute stehen. Im Korpus finden sich die meisten Belege für Pronominaladverbien als Objekte und Adverbialien:

---

30 Vgl. aber die Ausnahme: *Gib mer **den Bu**, ich mach e Mann **draus**!* (Hatzfeld, R; Konschitzky 1982, S. 181). Hier nennt das Bezugssubstantiv eine Person.

31 Beleg aus: Lauer, Heinrich: „Wie de Mond ins Wasser gfall is". In: *Schwowisches Volksbuch. Prosa und Stücke in Banater schäbischer Mundart*, ausgesucht und eingeleitet von Karl Streit und Josef Zirenner. Hrsg. vom Verlag Neuer Weg in Zusammenarbeit mit der Neuen Banater Zeitung. 1970, S. 151.

32 Dieser Begriff bezeichnet eine Struktur, die „der nachträglichen Verdeutlichung, Präzisierung [...]" dient (Duden-Grammatik 2005, S. 1223). Es handelt sich um eine für die gesprochene Sprache typische Erscheinung.

33 Beleg aus: Konschitzky 1982, S. 225.

34 Beleg aus: Konschitzky 1982, S. 95.

*Mir han doch ka Erinnerung ghat an des, odr **dran** gedenkt, dass mr des heit odr marje wiedrhole soll, dass do jemand kummt un **derno** froot!* (Ebendorf, R)
*Dös is a klaans Ketretz (‚Laufgitter') fir die Kinda neinstölln, daß sie herumrenna kenne **drinnet.** (Großpereg, B)*[35]

Folgendes Beispiel illustriert die Verwendung der Pronominaladverbien als Attribut:

*Eer werd awwe schun, wi alli Nååmestääg, am Ååwed **devo**ʰr, also am finfte Dezembe, abghall.* (Albrechtsflor, R)

4.2 Nichtpronominale Verwendung

Da(r)-Pronominaladverbien können in ihrer nichtpronominalen Verwendung als adverbiale Verbpartikeln[36] verwendet werden. In den Banater deutschen Mundarten gehen nur einfache Pronominaladverbien und kurze Verdoppelungen eine Verbindung mit Verben ein, wobei sog. trennbare Partikelverben[37] entstehen, bei denen das Pronominaladverb betont wird. Partikelverben mit einfachen Pronominaladverbien sind sehr häufig belegt, z. B. *dedorichfalle, dranflieje, draufdruckn, debeisitzn, degejestelle, dehinderchoo* (dahinterkommen), *denebetschiäße, driiberlupfe, devunkomme, dezwischnredde* u. a. Vereinzelt sind Partikelverben mit einfachen Verdoppelungen belegt: *dedriwwerfåhre* (dadarüberfahren), *dedrunnerkumme* (dadarunterkommen), *dedronnerleije* (dadarunterliegen), *dedronnerschreiwe* (dadarunterschreiben), *de(r)driwwefåhre* (da(r)darüberfahren), *derdriwwwer(t)schreiwe* (dardarüber(t)schreiben), *dedronnerleije* (dadarunterliegen), *derdronnermische* (dardaruntermischen). Hierzu einige Satzbeispiele:

*Doo sin ich **dedrunnerkumm** (‚unter die Räder gekommen') un wärt ball gstarb.* (Blumenthal, R)
*Es Blechfass u'm Wåån scheppert so hart, **lee** was **dedrunner.** (Triebswetter, R)
*Noo es von dääre gseenti Frucht (‚Weizen') **derdronnergemischt** gen.* (Knes, R)

Steht ein Pronominaladverb als Verbzusatz, so kann es vorkommen, dass die Präposition als Teil des Adverbs im Satz wiederholt oder „verdoppelt" wird.[38] Hierfür finden sich im Korpus zahlreiche Beispiele.

*Des Bild **hänkt an** de Mauer **dro**ʰn.* (Großsanktnikolaus, R)
*Deer Biike (‚Stier') is verruckt – deer **geht uff** die Leit **druff.** (Blumenthal, R)
*Er esch **iber** de Sandhuufe **driibergfalle.** (Saderlach, A[39])*

---

35 Beleg aus: Konschitzky 1982, S. 30.
36 Begriff: Duden-Grammatik 2005, S. 706.
37 Begriff: Duden-Grammatik 2005, S. 705.
38 Vgl. Fleischer 2002, S. 33.
39 A = Alemannische Mundart.

5 Zusammenfassung

Die Analyse des Korpus lässt folgende Schlussfolgerungen bezüglich der *da(r)*-Pronominaladverbien zu:

1. Die *da(r)*-Pronominaladverbien in den Banater deutschen Mundarten fallen vor allem durch ihre Variantenvielfalt auf. Außer den einfachen Pronominaladverbien (*da(r)* + Präposition) kommen auch kurze Verdoppelungen (zwei *da(r)*-Elemente + Präposition), Distanzverdoppelungen (eines der zwei *da(r)*-Elemente der Verdoppelung steht im Vor- oder Mittelfeld des Satzes) und kurze Verdreifachungen (drei *da(r)*-Elemente + Präposition) vor. Folgende Tabelle bietet eine Übersicht über die Präpositionen und die Konstruktionsvarianten der Pronominaladverbien, deren Bestandteil sie sind:

Präposition	einfaches Pronominaladverb	kurze Verdoppelung	Distanzverdoppelung	kurze Verdreifachung
an	X	X	–	–
auf	X	X	X	–
aus	X	X	–	–
bei	X	X	–	–
durch	X	X	–	–
für	X	X	X	–
gegen	X	X	–	–
hinter	X	X	–	–
in/ein	X	X	–	–
mit	X	–	–	–
nach	X	X	–	–
neben	X	–	–	–
über	X	X	X	X
um	X	–	X	–
unter	X	X	–	–
von	X	X	–	–
vor	X	–	–	–
wider	X	–	–	–
zu	X	X	X	–
zwischen	X	–	X	–

Alle oben aufgelisteten Präpositionen können in allen Banater Mundartgruppen Teil einfacher *da(r)*-Pronominaladverbien sein. Die Situation ändert sich im Falle der anderen Konstruktionsvarianten: Nur für vierzehn der insgesamt zwanzig Präpositionen sind kurze Verdoppelungen belegt, sechs Präpositionen gehen Verbindungen zu Distanzverdoppelungen ein und eine einzige Präposition ist Bestandteil einer kurzen Verdreifachung. All diese Sonderformen sind nur in der Mundartgruppe vorwiegend rheinfränkischen Gepräges belegt.

Hier sei auch erwähnt, dass in den Banater bairischen Mundarten das *da(r)*-Element der einfachen Pronominaladverbien häufiger vollen Vokal aufweist, was im bairischen Dialektraum nicht belegt ist.

2. Die Funktionen, die *da(r)*-Pronominaladverbien in den Banater Mundarten übernehmen, stimmen mit jenen in der Standardsprache überein: Sie können deiktisch, anaphorisch oder kataphorisch verwendet werden und syntaktisch Objekte, Adverbialien und Attribute sein.

In ihrer nichtpronominalen Verwendungsweise können *da(r)*-Pronominaladverbien bei Verben als adverbiale Verbpartikeln stehen. Hier ist die Besonderheit zu verzeichnen, dass die Präposition des Pronominaladverbs sehr häufig redundant innerhalb der Sätze auftritt.

Literatur

Mundartquellen

Billeder Heimatblatt. HOG Billed 1998.

Frombach, Franz: *Phingstnägelcher aus'm Banat in Jahrmarkter Mundart.* Homburg/Saar 1989.

Konschitzky, Walther: *Dem Alter die Ehr. Lebensberichte aus dem Banat,* I. Bd. Kriterion Verlag: Bukarest 1982.

Konschitzky, Walther/Hausl, Hugo: *Banater Volksgut. Märchen, Sagen und Schwänke,* I. Bd. Kriterion Verlag: Bukarest 1979.

Lauer, Heinrich: „Wie de Mond ins Wasser gfall is". In: *Schwowisches Volksbuch. Prosa und Stücke in Banater schwäbischer Mundart,* ausgesucht und eingeleitet von Karl Streit und Josef Zirenner. Hrsg. vom Verlag Neuer Weg: Bukarest in Zusammenarbeit mit der Neuen Banater Zeitung: Temeswar 1970.

Sekundärliteratur

Duden-Grammatik = Duden. *Die Grammatik: unentbehrlich für richtiges Deutsch,* 7. Auflage, hrsg. von der Dudenredaktion. Dudenverlag: Mannheim et al. 2005.

Fleischer, Jürg (2002): *Die Syntax von Pronominaladverbien in den Dialekten des Deutschen. Eine Untersuchung zu Preposition Stranding und verwandten Phänomenen.* (Zeitschrift für Dialektologie und Linguistik, Beiheft 123). Franz Steiner Verlag: Stuttgart 2002.

Helbig, Gerhard/Buscha, Joachim: *Deutsche Grammatik. Ein Handbuch für den Ausländerunterricht,* 5. Auflage. Langenscheidt: Berlin et al. 2005.

Negele, Michaela: *Varianten der Pronominaladverbien im Neuhochdeutschen. Grammatische und soziolinguistische Untersuchungen.* (Studia Linguistica Germanica 108). Walter de Gruyter: Berlin/Boston 2012.

Oppenrieder, Wilhelm: „*Preposition Stranding im Deutschen? – Da will ich nichts von hören!*" In: Fanselow, Gisbert/Felix, Sascha (Hrsg.): Strukturen und Merkmale syntaktischer Kategorien. Narr Verlag: Tübingen 1990, S. 159–173.

Schirmunski, Viktor: *Deutsche Mundartkunde: vergleichende Laut- und Formenlehre der deutschen Mundarten.* (Veröffentlichungen des Instituts für Deutsche Sprache und Literatur 25). Akademie-Verlag: Berlin 1962.

Wolf, Johann: *Banater deutsche Mundartenkunde.* Kriterion Verlag: Bukarest 1987.

Karin Dittrich

Die Morphologie der deutschen Stadtsprache von Temeswar in Hans Mokkas Märchen

Abstract: The German city dialect of Timişoara is a Bavarian-Austrian dialect, which is also proved by the literature written in the dialect of this town. Hans Mokka is one of the authors who have written their stories in the German city dialect of Timişoara. This paper analyses to what extent the most important morphological characteristics of this city dialect are reflected in the fairy tales from Hans Mokka's book *Traumhansl und Traumlieschen*.

Keywords: Bavarian-Austrian dialect of Timişoara, Banat, dialect in literature, Hans Mokka, morphology

1 Einleitung

Die Temeswarer Stadtsprache stammt vom Alt-Wienerischen ab, wurde aber auch von der bairischen Mundart beeinflusst, die in den Vorstädten Temeswars gesprochen wurde. Dass in Temeswar, wie in den anderen Banater Städten, bairisch-österreichisch gesprochen wird, beweisen auch jene Bücher, die in der Temeswarer Stadtsprache geschrieben wurden. Auch Hans Mokka (1912–1999) gehört zu den Autoren, die ihre Geschichten in der deutschen Stadtsprache von Temeswar wiedergegeben haben. Gegenstand vorliegender Untersuchung bilden die Märchen aus Mokkas Sammelband *Traumhansl und Traumlieschen. Märchen und Volkserzählungen aus Temeswar.* In dieser Arbeit wird auf die typischsten morphologischen Merkmale der Temeswarer Stadtsprache eingegangen und untersucht, inwieweit sich diese in Hans Mokkas Märchen widerspiegeln.

2 Zur Morphologie in Mokkas Märchen

2.1 Substantiv

Ein besonderes Merkmal der Temeswarer Stadtsprache betrifft die femininen Substantive, die auf -*e* auslauten[1]. Einige verlieren das -*e*, wie z. B. *Tant, Schul,*

---

1 Vgl. Fink, Hans: *Besonderheiten der Temeswarer deutschen Umgangssprache.* (Diplomarbeit) Universitatea din Timişoara 1965, S. 34–35; Hollinger, Rudolf: „Das Stadtdeutsch von Temeswar", in drei Teilen. *Neue Banater Zeitung* (2293) 02.04.1970; (2294) 03.04.1970; (2295) 04.04.1970; Wolf, Johann: *Banater deutsche Mundartenkunde.*

Freid, andere erhalten zusätzlich ein *-n*, sodass ihre Singular- identisch mit der Pluralform ist, z. B. *Entn, Gassn, Suppn*. Wolf[2] und Gehl[3] zufolge scheint aber Regellosigkeit in der Frage zu bestehen, welche femininen Substantive ein *-n* erhalten und welche nicht. Es gibt einige Substantive, bei denen man sogar beide Formen antreffen kann, wie z. B. *Stunde: Stund – Stundn*. In Mokkas Märchen gibt es viele Beispiele für dieses typische Merkmal der deutschen Stadtsprache von Temeswar. Substantive, die das auslautende *-e* verlieren, wären: *Eck* (T: 54)[4], *Stimm* (T: 126), *Krot* (T: 19), *Wäsch* (T: 23), *Tant* (T: 88). Noch zahlreicher, kann man bemerken, sind aber jene femininen Substantive, die zusätzlich ein *-n* erhalten: *Grilln* (T: 102), *Kirchn* (T: 30), *Lampn* (T: 46), *Rosngassn* (T: 19), *Pfeifn* (T: 37), *Krakn* (T: 12), *Eichn* (T: 31).

Manche Substantive haben in der Temeswarer Stadtsprache ein anderes Genus als in der Standardsprache, wobei es einige Übereinstimmungen mit dem österreichischen Deutsch gibt.[5] In der untersuchten Märchensammlung gibt es nur zwei Beispiele für dieses Merkmal: *Das Fräilein hebt* **den Polsta**, *[...]* (T: 46); *[...] hat* **aan rotes Kittl** *an, [...]* (T: 72).

Diejenigen Substantive, die den Plural auf *-e* oder auf *-e* mit Umlaut bilden, verändern ihre Form im Plural nicht oder sie bekommen nur den Umlaut, z. B. *ta Fisch – ti Fisch, ta Kopf – ti Kepf*.[6] Die meisten Beispiele, was die Pluralbildung betrifft, gibt es bei Mokka für diese Pluralformen: *Gäns* (T: 102), *Mäis* (T: 106),

---

Kriterion: Bukarest 1987, S. 124; Gehl, Hans: *Deutsche Stadtsprachen in Provinzstädten Südosteuropas*. Franz Steiner: Stuttgart 1997, S. 38–39; Dittrich, Karin: *Zur Morphologie der deutschen Stadtsprache in Temeswar*. (Diplomarbeit) Universitatea de Vest din Timişoara 2000, S. 19–20; Dittrich, Karin: „Einige morphologische Merkmale der deutschen Stadtsprache von Temeswar". In: Podlipny-Hehn, Annemarie (Hrsg.): *Stafette. Sammelband des Deutschen Literaturkreises Temeswar*. Cosmopolitan Art: Timişoara 2011, S. 166; Dittrich, Karin: „Morphologische Merkmale des Substantivs in der deutschen Stadtsprache von Temeswar". In: Predoiu, Grazziella/Kory, Beate Petra (Hrsg.): *Streifzüge durch Literatur und Sprache. Festschrift für Roxana Nubert*. Mirton: Timişoara 2013, S. 185–186.

2 Wolf 1987, S. 124.

3 Gehl 1997, S. 38.

4 (T: 54) = Mokka, Hans: *Traumhansl und Traumlieschen. Märchen und Volkserzählungen aus Temeswar*. Ion Creangă: Bukarest 1985, S. 45.

5 Vgl. dazu auch Dittrich 2000, S. 20–23; Dittrich 2011, S. 166–167; Dittrich 2013, S. 186–188.

6 Vgl. Gădeanu, Sorin: *Sprache auf der Suche. Zur Identitätsfrage des Deutschen in Rumänien am Beispiel der Temeswarer Stadtsprache*. Roderer: Regensburg 1998, S. 184; Fink 1965, S. 36; Dittrich 2000, S. 24; Dittrich 2011, S. 167; Dittrich 2013, S. 190.

Fleh (T: 45), *Hef* (T: 98), *Zepf* (T: 14); *[...] Bärn,* **Welf, Fichs, Reh** *und andere Tiere habn getanzt [...]* (T: 75); *[...] wie die* **Fisch** *noch redn habn kennan [...]* (T: 54).

Die Endung der Substantive, die den Plural in der Standardsprache mit *-er* bilden, wird in Temeswar zu *-a* vokalisiert, z. B. *tes Haus – ti Heisa*.[7] In den untersuchten Märchen wurden ein paar Beispiele für Substantive dieser Pluralgruppe gefunden: *Augngläsa* (T: 10), *Rebhihna* (T: 32), *Kinda, Weiba* (T: 23). Diese Reduzierung kann man in Temeswar auch bei den abgeleiteten Substantiven auf *-er* und *-ler* antreffen[8]: *Schnauza, Meiahefla*. Bei Mokka gibt es viele Beispiele dafür, wobei diese Reduzierung nicht nur das Substantiv, sondern auch andere Wortarten betrifft: *Fensta* (T: 46), *Schusta* (T: 23), *Eima* (T: 126), *aan klaana runda schwarza Floh* (T: 45), *jeda* (T: 44), *wieda* (T: 36), *iba* (T: 43), *hinta* (T: 86).

Feminine Substantive, die auf *-e* auslauten, bilden in der Temeswarer Stadtsprache den Plural mit der Endung *-n*.[9] Bei den femininen Substantiven, die im Singular ein *-n* erhalten, hat das zur Folge, dass ihre Singularform mit der Pluralform zusammenfällt, z. B. *ti Fliegn – ti Fliegn*. Auch die Substantive, die im Singular das *-e* verlieren und kein *-n* annehmen, erhalten eines in der Pluralform, z. B. *ti Scher – ti Schern*. Bei Mokka erhalten die Pluralendung *-n* außer diesen femininen Substantiven auch jene Substantive, die in der Standardsprache die Pluralendung *-en* haben. Beispiele dafür sind: *Wolkn* (T: 11), *Antn* (T: 32), *Bärn* (T: 75); *Das war damals, wie die* **Spatzn** *noch Schleppsäbl habn getragen und die Eiszapfn wie* **Taufkerzn** *von der Dachrinnan habn ghongn.* (T: 82)

Den Plural mit der Endung *-n* bilden in Temeswar auch jene Substantive, die im Nominativ Singular auf *-l* enden und in der Standardsprache im Plural unverändert bleiben, z. B. *ta Schlissl – ti Schlissln*.[10] In den untersuchten Märchen hingegen erhalten Substantive, die auf *-l* enden, gewöhnlicherweise kein *-n* im Plural, z. B. *Bald warn Rebhihna, Goldfasans,* **Gansl, Hendl** *und Antn im Hof* (T: 32). Es wurde nur ein einziges Beispiel gefunden, das dieses Merkmal aufweist: *Die Paula ist die* **Astln** *sammeln gangan in Wald [...]* (T: 73).

Als ein typisches morphologisches Merkmal für den Temeswarer Slang notiert Gehl[11] die Pluralendung *-s* (z. B. *Bengls, Lehras*), die den Plural vom sonst gleichlautenden Singular abheben soll, sowie manche hypertrophischen

---

7 Vgl. Dittrich 2000, S. 25; Dittrich 2011, S. 167; Dittrich 2013, S. 190.

8 Vgl. Wolf 1987, S. 124–125; Gehl 1997, S. 39; Dittrich 2013, S. 190–191.

9 Vgl. Gädeanu 1998, S. 183–184; Dittrich 2000, S. 24; Dittrich 2013, S. 191.

10 Vgl. Gädeanu 1998, S. 183–184; Dittrich 2000, S. 26; Dittrich 2011, S. 167; Dittrich 2013, S. 191.

11 Gehl 1997, S. 45.

Pluralbildungen mit zwei oder drei Pluralmorphemen, z. B. *ti Blumasn, ti Jungens*. Die Pluralendung *-s* wurde in dieser Märchensammlung bei drei Substantiven gefunden: *zwaa Bräitigangs* (T: 28), *Goldfasans* (T: 32), *Kamels* (T: 47). Für die Substantive *Fasan* und *Kamel* wurde auch noch eine zweite Pluralform ermittelt: *Fasane* (T: 33) und *Kamele* (T: 47). Dass manche Substantive mehrere Pluralformen haben, ist auch ein typisches Merkmal der Temeswarer Stadtsprache[12]: *tes Pferd – ti Pferd – ti Pferde – ti Pferda; ta Baum – ti Bäum – ti Beima.* Zwei weitere Substantive weisen in den untersuchten Märchen Doppelformen auf, nämlich *Pferd* mit den Pluralformen *Pferd* (T: 54) und *Pferda* (T: 15) sowie *Stern* mit den Formen *Stern* (T: 53) und *Sterna* (T: 41). Die von der Standardsprache abweichende Pluralbildung mit *-a* erscheint auch bei Wolf, Gehl und Hollinger als morphologisches Merkmal der Temeswarer Stadtsprache.[13] Bei Mokka finden wir auch weitere Beispiele dafür: *[…] und in die **Baama** sein sie aach krapplt […]* (T: 107); *Und hat angfangan, **Zieglstaana** zu sammln* (T: 42).

Wie im Bairischen bilden auch in Temeswar die meisten Substantive die Diminutivform mit dem Suffix *-l*, z. B. *ta Kastn – tes Kastl, ta Hund – tes Hundl.*[14] Auch in den untersuchten Märchen gibt es zahlreiche Beispiele dafür, z. B. *Häisl* (T: 98), *Gansl* (T: 104), *Flaschl* (T: 96), *Maigleckl* (T: 49), *Elkandl* (T: 56). Die für das Wienerische typische Diminutivendung *-erl* wird in Temeswar nur gelegentlich verwendet, z. B. *ti Flaschn – tes Flascherl.*[15] Bei Mokka tritt dieses Diminutivsuffix auch vereinzelt auf: *Vogerl* (T: 50), *Baamerl* (T: 124).

In Temeswar ist auch eine analytische Verkleinerungsform üblich.[16] Besonders bei Substantiven, die in der Grundform auf *-l* auslauten, aber auch bei anderen Substantiven, bei denen die Diminutiva mit *-l* unüblich sind, wird die Verkleinerung mit dem Adjektiv *klein* umschrieben, z. B. *klaana Apfl, klaanes Bett.* Auch bei Mokka kann man diese analytische Verkleinerungsform antreffen: *aan klaana Fisch* (T: 35), *aan klaana Drachn* (T: 71); *[…] hat bei aanem* **klaanen Hund** *im Fell aan **klaana** runda schwarza **Floh** glebt […]* (T: 45).

---

12 Vgl. dazu auch Gehl 1997, S. 45; Dittrich 2000, S. 26; Dittrich 2011, S. 167–168; Dittrich 2013, S. 191.

13 Wolf 1987, S. 124; Gehl 1997, S. 39; Hollinger 1970, 3. Teil; Hollinger, Rudolf: „Temeswar und sein Deutsch". *Banatica. Beiträge zur deutschen Kultur* 6 (4), 1989, S. 28.

14 Vgl. dazu auch Dittrich 2000, S. 27; Dittrich 2011, S. 168; Dittrich 2013, S. 192.

15 Vgl. Gădeanu 1998, S. 186; Fink 1965, S. 36; Dittrich 2000, S. 27; Dittrich 2011, S. 168; Dittrich 2013, S. 192.

16 Vgl. dazu auch Fink 1965, S. 35–36; Gădeanu 1998, S. 186; Gehl 1997, S. 39; Dittrich 2000, S. 28; Dittrich 2011, S. 168; Dittrich 2013, S. 193.

Es besteht auch die Möglichkeit einer Überbezeichnung des Diminutivs. Substantive, die das Diminutiv mit dem Suffix -*l* bilden, verwenden manchmal zusätzlich auch noch die analytische Verkleinerungsform, z. B. *klaanes Katzl* oder sogar das Diminutivsuffix -*chen*, z. B. *Kästlchen*.[17] Beispiele dafür sind auch in den untersuchten Märchen vorhanden: *aan scheenas klaanes Rehlein* (T: 86), *aan klaanes keckes Hitl* (T: 54).

Das wichtigste Merkmal bei der Deklination der Substantive, welches auch ein Kennzeichen aller Mundarten des süddeutschen Sprachraums ist, ist das Fehlen des Genitivs. Dieser wird mithilfe des Dativs umschrieben.[18] Eine Möglichkeit dazu ist der possessive Dativ, z. B. *mei Vatta sei Haus*, die andere Möglichkeit die Umschreibung mit der Präposition *von*: *ta Mann von mei Schwester*. Auch Mokka macht in seinen Märchen von diesen Möglichkeiten Gebrauch, z. B. *aufn Vogl sein Rickn* (T: 40), *dem Zornschippl sein Vata* (T: 96), *die Goschn vom Riesn* (T: 37), *die Fligl vom Vogl* (T: 50). Es wurden aber auch vereinzelt Beispiele für die Verwendung des Genitivs ermittelt, z. B. *Da hat der Mann sich aufn Rickn **der Schwalbn** gsitzt [...]* (T: 43).

In Temeswar wird statt des Akkusativs öfters der Dativ verwendet, besonders nach Präpositionen, die den Akkusativ verlangen[19], z. B. *Er kämpft gegen tem Staat.* Auch bei Mokka kann man mehrere Beispiele dafür finden: *[...] und hats **im Rachn** von aana Wolkn gsetzt [...]* (T: 38); *Wieda reißt sie das Hemd iba **dem Kopf** [...]* (T: 46).

2.2 Pronomen

In Temeswar werden für manche Personalpronomen unterschiedliche Formen im Vergleich zur Standardsprache gebraucht. Typisch für die Temeswarer Stadtmundart ist die Form des Personalpronomens in der ersten Person Plural *mir* statt *wir*[20]. Auch Mokka verwendet diese Form: *[...] denn **mir** sein doch nit bleed, wenn **mir** aach nit lesn und schreibn kennan, **mir** habn kaan Begawassa im Kopf [...]* (T: 38).

Für die dritte Person Singular Maskulin wird in Temeswar statt der Akkusativform *ihn* die Dativform *ihm* verwendet.[21] In den untersuchten Märchen gibt

---

17 Vgl. Dittrich 2000, S. 28; Dittrich 2013, S. 193.
18 Vgl. Gehl 1997, S. 39; Gädeanu 1998, S. 186–187; Fink 1965, S. 36–37; Hollinger 1989,
      S. 28; Dittrich 2000, S. 29–30; Dittrich 2011, S. 168; Dittrich 2013, S. 193–194.
19 Dittrich 2000, S. 30, 74.
20 Vgl. Dittrich 2000, S. 41; Dittrich 2011, S. 168.
21 Vgl. Gehl 1997, S. 40; Wolf 1987, S. 123; Hollinger 1989, S. 28; Dittrich 2000, S. 42;
      Dittrich 2011, S. 169.

es zahlreiche Beispiele dafür: *Der Kata hat sehgn kennan, sein Bub hat **ihm** nit vagessn.* (T: 97); *[...] wo sie iba **ihm** nur schimpfn oda **ihm** gar nit erwähnan* (T: 49). Statt des Personalpronomens *ihr* wird in Temeswar auch die Form *ees* verwendet, z. B. *Ees seids aba langsam gangen.* Dabei erscheint das Pronomen *ees* zur Verdeutlichung verdoppelt, einmal als eigentliches Pronomen und einmal als enklitische Endung *-s* bei den konjugierten Verbformen. Es erscheint aber nicht nur in den Formen *ees habts* oder *ees kommts*, sondern auch in der Form *ihr habts* oder *ihr kommts* wird das enklitische *-s* beibehalten.[22] Für die zweite Person Plural des Personalpronomens verwendet Mokka in seinen Märchen nicht die Form *ees*, sondern immer *ihr*. Die enklitische Endung *-s* bei der konjugierten Verbform wird meistens beibehalten, z. B. *[...] ihr kennts eich denkn, [...]* (T: 43); *„Außerdem habt **ihr** heit rasch eia Geld vadient [...]"* (T: 83).

Gădeanu[23] bemerkt, dass eine der augenfälligsten Erscheinungen der Temeswarer Stadtsprache die obligatorische Begleitung von Relativpronomen in Nebensätzen durch ein *was* oder *wo* ist[24]: *Zig ti Blusn an, ti **was** tu auch gestan anghabt hast.* In Mokkas Märchen werden die Relativpronomen aber in Nebensätzen ohne *was* oder *wo* gebraucht, z. B. *Dann ist er zu der Paula gangan, **die** beim Nußbaam war gstandn [...]* (T: 96).

2.3 Verb

Gehl[25] und Hollinger[26] zufolge werden in Temeswar bevorzugterweise drei Tempora verwendet: Präsens, Perfekt und Futur. In Mokkas Märchen kommt hauptsächlich das Perfekt vor:

> *Ihra Mann, der Fuhrmann, **ist** nur aanmal durch den Saal **gangan** und **hat** den Hut um Almosn **hinghaltn**, und die Leit **habn** ihm alle etwas **gebn**, nur die geputzte Gretl **hat** niks ghabt und **hat** ihm den Ring mit grinem Staan in den Hut **gelegt**, den sie aanmal vom Fuhrmann **hat kriegt**, wie sie noch aan Mädl war.* (T: 55)

Das Präteritum ist in Temeswar vollständig vom Perfekt verdrängt worden. Nur das Verb *sein* hat in Temeswar eine Präteritumform: *ich war*[27], was man auch bei

---

22 Vgl. dazu auch Gehl 1997, S. 40; Wolf 1987, S. 123; Hollinger 1989, S. 28; Hollinger 1993, S. 249; Dittrich 2000, S. 41–42; Dittrich 2011, S. 168–169.
23 Gădeanu 1998, S. 187.
24 Vgl. dazu auch Dittrich 2000, S. 47–48; Dittrich 2011, S. 170.
25 Gehl 1997, S. 41.
26 Hollinger 1989, S. 28.
27 Vgl. Gehl 1997, S. 41; Gădeanu 1998, S. 192; Hollinger 1993, S. 248; Fink 1965, S. 39; Dittrich 2000, S. 54; Dittrich 2011, S. 171.

Mokka bemerken kann: *Aanmol **war** aan Nußbaam, wo aane Goldamschl jedn Morg gsungan hat, aba so scheen, daß die Bluma glacht habn und die Menschn froh **warn*** (T: 76).

Ein allgemeines Merkmal aller deutschen Umgangssprachen ist der bevorzugte Gebrauch des Präsens Indikativ auch zum Ausdruck vergangener und zukünftiger Handlungen[28]: *Wie ich gestan iba ti Straßn geh, treff ich ihm.; Ich geh morgn in ti Schul.* Auch in den untersuchten Märchen wird dafür das Präsens verwendet: *Aanmol in der Nacht, wie stark finsta war und die Stern auf aane Hochzeit warn, **weckt** die Eile Gretl und **sagt** scheen deitlich [...]* (T: 71); *Herr Kenig, aan Hendl legt Eia und bald **sein** viele da* (T: 32).

Auch bei der Konjugation des Verbs weist die Temeswarer Stadtsprache typische Merkmale auf. Die Flexionsendungen des Indikativ Präsens sind stark reduziert. Eine charakteristische Erscheinung aller Umgangssprachen ist der Lautabfall in der ersten Person Singular Präsens, z. B. *ich lauf, komm.*[29] Auch in der Märchensammlung kann man diese Reduzierung der Flexionsendungen bemerken: *[...] lieba **arbeit** ich und **spiel** Harmonika und **sag** eich jetzt alle, gehts scheen zaus [...]* (T: 48).

Ein Merkmal aller bairischen Mundarten ist das enklitische -*s* in der Endung der zweiten Person Plural des Präsens Indikativ sowie des Imperativs[30]: *ihr machts – machts!* Dafür wurden in den untersuchten Märchen mehrere Beispiele gefunden: *Und was **glaubts** ihr, was jetzt passiert ist?* (T: 15); *Und **schauts** her, der Heinrich hats kennan [...]* (T: 84).

Bei den beiden Verben *sehen* und *ziehen* findet in der Temeswarer Stadtsprache der grammatische Wechsel *g – h* nicht statt.[31] Dies ist auch bei Mokka ersichtlich: *[...] daß der Kenig **sehgn** soll, er ist nit so dumm* (T: 13); *[...] und **ziehgt** den Ring iba den Kopf von der Schlanga [...]* (T: 74).

Auch das Verb *sein* wird in Temeswar teilweise anders als in der Standardsprache konjugiert: *ich bin, tu bist, er is, mir sein, ihr seids, sie sein.*[32] Besonders die Form *sein* kann man in Mokkas Märchen häufig antreffen: *[...] und die zwaa Krakn **sein** so erschrockn, daß ihnare Nußn ausm Schnabl **sein** gfalln [...]* (T: 92).

---

28 Vgl. Fink 1965, S. 37; Gădeanu 1998, S. 189–190; Gehl 1997, S. 41; Hollinger 1969, S. 84; Dittrich 2000, S. 54; Dittrich 2011, S. 170–171.

29 Vgl. Gehl 1997, S. 41; Hollinger 1993, S. 248–249; Wolf 1987, S. 124; Gădeanu 1998, S. 190; Fink 1965, S. 37; Dittrich 2000, S. 56; Dittrich 2011, S. 171.

30 Vgl. Fink 1965, S. 38–39; Gehl 1997, S. 41; Hollinger 1970, 3. Teil; Gădeanu 1998, S. 191–192; Dittrich 2000, S. 56–57; Dittrich 2011, S. 172.

31 Dittrich 2000, S. 57.

32 Vgl. dazu auch Dittrich 2000, S. 57–58.

Statt der Form *is* für die dritte Person Singular hingegen verwendet Mokka die standardsprachliche Form *ist*: *Das Rehlein **ist** gleich ins Haus und nit lang drauf **ist** der Wolf erschienen.* (T: 100)

Die standardsprachliche Tonerhöhung in der zweiten und dritten Person Singular des Präsens Indikativ und der zweiten Person Singular des Imperativs der starken Verben bleibt in der Temeswarer Stadtsprache bei den meisten Verben aus[33]: *ich les – du lest – er lest – les!* In den untersuchten Märchen wurden mehrere Beispiele für das Fehlen der Tonerhöhung in der dritten Person Singular des Präsens Indikativ gefunden: *Die Maus huscht aufn Baam, **nehmt** den Schlissl [...]* (T: 128); *Am Weg **trefft** er aan Vogl [...]* (T: 21).

Jene Verben, die im Wortstamm ein *a* aufweisen, nehmen in Temeswar in der zweiten und dritten Person Singular des Präsens Indikativ nicht den Umlaut an[34]: *ich fahr – du fahrst – er fahrt.* Für das Fehlen des Umlauts gibt es in Mokkas Märchen für die dritte Person Singular des Präsens Indikativ mehrere Beispiele: *Der Kata ist in Stall und hat gschaut, ob die Luft rein ist und der Zornschippl schon **schlaft*** (T: 96); *Jetzt ist alles aus, dort **lauft** die rote Maus [...]* (T: 72).

Verben, deren Stammsilbe auf -*d* oder -*t* auslautet, verlieren in der dritten Person Singular und in der zweiten Person Plural des Präsens Indikativ sowie in der zweiten Person Plural des Imperativs die Endung -*et*[35]: *er red – ihr reds – reds!* In den untersuchten Märchen wurden keine Beispiele für den Verlust der Endung -*et* gefunden.

Hingegen gibt es in der Märchensammlung einige Verben, deren Stammsilbe auf -*t* auslautet, die die Endung -*et* beim Partizip II verlieren: *Alle Glockn habn **gläit** [...]* (T: 110); *Der Kata war vor der Kirchn gsitzt und hat dort **gwart**, bis die Meß aus war* (T: 96). Dies ist in der Temeswarer Stadtsprache ein typisches Merkmal der schwachen Verben[36]: *gearbeit, gebad, geknet.* Es gibt aber in den untersuchten Märchen auch Beispiele für Verben, deren Stammsilbe auf -*t* auslautet und die die Endung -*et* nicht verlieren, z. B. *Die Altn habn sie auf die Gasse **begleitet** [...]* (T: 93).

Beim Partizip II fällt in der Temeswarer Stadtsprache gewöhnlich das *e* aus dem Präfix ge- aus, z. B. *gmacht, gsagt, gessn.* Einige auf *b, d, g, p, t, k, qu* und *z*

---

33 Vgl. Fink 1965, S. 37–38; Gehl 1997, S. 41; Gädeanu 1998, S. 190–191; Hollinger 1989,
    S. 28–29; Dittrich 2000, S. 58; Dittrich 2011, S. 172.
34 Vgl. Fink 1965, S. 38; Gehl 1997, S. 41; Gädeanu 1998, S. 191; Hollinger 1989, S. 28–29;
    Dittrich 2000, S. 58–59; Dittrich 2011, S. 172.
35 Vgl. Fink 1965, S. 38; Gehl 1997, S. 41; Gädeanu 1998, S. 191; Dittrich 2000, S. 59;
    Dittrich 2011, S. 172–173.
36 Dittrich 2000, S. 67.

anlautende Verben erhalten das Präfix *ge-* gar nicht, wie *gebm, kommen, kriegn*[37]. Auch bei Mokka fällt gewöhnlich das *e* aus dem Präfix *ge-* aus, wofür es zahlreiche Beispiele gibt: *grufn* (T: 11), *gwaant* (T: 12), *gholfn* (T: 32), *gspielt* (T: 55), *gnomman* (T: 56), *glacht* (T: 73), *gmacht* (T: 126), *gfalln* (T: 127); *Die Krakn hat alles vom Turm **gsehgn** und ist gleich komman und hat die Nußn **gschluckt** und ist **weitagflogn*** (T: 28). Viele Beispiele gibt es auch für das Fehlen des Präfixes *ge-*: *gebn* (T: 12), *stehnlassn* (T: 13), *komman, neingangan* (T: 31); *[…] und in die Baama sein sie aach **krapplt** […]* (T: 107).

Man kann aber bemerken, dass die Bildung des Partizip II bei Mokka nicht einheitlich geschieht. Öfters fällt das *e* aus dem Präfix *ge-* oder das Präfix *ge-* nicht aus: *Da ist aba wieda der Vogel **gekomman** […]* (T: 52); *Und das hat den Mann **gefuchst** […]* (T: 54). Für manche Verben kann man sogar zwei Formen des Partizip II in nahe liegenden Sätzen oder sogar in demselben Satz finden: *Und am Abend hat er wieda Geld **gekriegt**. […] und jetzt hat der Tonerl aach den Fisch als Freind **kriegt*** (T: 103).

In der Temeswarer Stadtsprache haben einige Verben abweichende Formen des Partizips II: *gegiesst, gloffn, gekennt*.[38] Auch bei Mokka gibt es Beispiele dafür: *Die Sonne hat **gebrennt** wie im Backofn […]* (T: 47); *[…] und hat sich **gedenkt**, so aan Haus kann ich aach baun* (T: 42).

Der Infinitiv in der Stadtsprache von Temeswar endet meistens auf *-n*, z. B. *waschn, lesn*. Nach *m*, *n* und *ng* erhalten die Verben die Infinitivendung *-en*, z. B. *singen, lernen*, während nach *b* oder *p* die Infinitivendung *-m* lautet, z. B. *schreibm, tappm*.[39] Mokka verwendet meistens die Infinitivendungen *-n* und *-an*, z. B. *[…] und hat angfangan zu **singan** und zu **tanzn** […]* (T: 38). Die bairische Reduzierung der Infinitivendung auf ein *-a* hat sich in der Temeswarer Umgangssprache nicht erhalten, man kann sie aber trotzdem gelegentlich hören[40], z. B. *komma, renna, bringa*. Auch bei Mokka gibt es einige Beispiele für Verben mit der Infinitivendung *-a*. Bei diesen kann man aber bemerken, dass sie zwei Infinitivformen aufweisen, eine mit der Endung *-a*, die andere mit *-an*: *[…] und hat bitta anfangan zu **waanan**, aber so, daß aach die Baama angfangan habn zu **waana** […]* (T: 52). Man kann in den untersuchten Märchen auch einige

---

37 Vgl. Wolf 1987, S. 124; Gehl 1997, S. 41; Fink 1965, S. 42; Dittrich 2000, S. 64–65; Dittrich 2011, S. 173.

38 Dittrich 2000, S. 66–67.

39 Vgl. Gehl 1997, S. 41; Hollinger 1969, S. 84; Hollinger 1989, S. 29; Dittrich 2000, S. 62–63.

40 Gehl 1997, S. 41.

Beispiele für Verben finden, die die standardsprachliche Infinitivendung -*en* aufweisen: *[…] was aan Schusta noch braucht, daß er Schuh reparieren kann* (T: 23).

Ein allgemeines Merkmal der Umgangssprachen ist die Vermeidung des Konjunktivs. In Temeswar wird der Konjunktiv I nicht verwendet.[41] Auch in den untersuchten Märchen wurden keine Beispiele für den Konjunktiv I gefunden. Da die Umgangssprache das Präteritum Indikativ nicht kennt, wird der Konjunktiv II in der Temeswarer Stadtsprache gewöhnlich mit *mögen, können, sein* oder *tun* umschrieben[42]: *Ich mecht schon zu eich kommen, aba es kennt regnen.* In Mokkas Märchensammlung wurden Beispiele für die Umschreibung des Konjunktivs II mit *mögen* gefunden: *Wie er fertig war, hat er sich aufn Stuhl gsitzt, als* **mecht** *er iba aan gutes Gschäft* **nachdenkn** *[…]* (T: 56).

Einige Konjunktiv II-Restformen sind auch in Temeswar erhalten geblieben.[43] Fink[44] notiert, dass folgende Verben eine synthetische Konjunktivform in der Temeswarer Stadtsprache besitzen: *können, sollen, dürfen, müssen, wollen, wissen, sein* und *haben*. In den untersuchten Märchen wurden Beispiele dafür nur für *haben* und die Modalverben *müssen, mögen* und *können* ermittelt: *Es* **missat** **regnan**, *[…]* (T: 37); *Wie er fertig war, hat er sich aufn Stuhl gsitzt, als* **mecht** *er iba aan gutes Gschäft* **nachdenkn** *[…]* (T: 56); *Wenn ich Gold* **hätt** *im Haus,* **kennt** *ich nit* **schlafn** *[…]* (T: 79).

3 Schlussfolgerung

Das Temeswarer Stadtdeutsch weist zahlreiche morphologische Merkmale auf, die sich größtenteils auch in den untersuchten Märchen aus Mokkas Märchensammlung widerspiegeln, obwohl man bemerken kann, dass für manche Merkmale statt der in Temeswar gebrauchten Formen die standardsprachlichen Entsprechungen verwendet werden. Für viele morphologische Merkmale wurden zahlreiche, für einige nur wenige oder gar keine Beispiele ermittelt.

Literatur

Dittrich, Karin: „Morphologische Merkmale des Substantivs in der deutschen Stadtsprache von Temeswar". In: Predoiu, Grazziella/Kory, Beate Petra

---

41 Vgl. Fink 1965, S. 40–41; Dittrich 2000, S. 60; Dittrich 2011, S. 173.
42 Vgl. Gehl 1997, S. 41–42; Gädeanu 1998, S. 192–193; Fink 1965, S. 40–41; Dittrich 2000, S. 61; Dittrich 2011, S. 174.
43 Vgl. dazu auch Dittrich 2000, S. 61–62.
44 Fink 1965, S. 40.

(Hrsg.): *Streifzüge durch Literatur und Sprache. Festschrift für Roxana Nubert.* Mirton: Timişoara 2013, S. 184–195.

Dittrich, Karin: „Einige morphologische Merkmale der deutschen Stadtsprache von Temeswar". In: Podlipny-Hehn, Annemarie (Hrsg.): *Stafette. Sammelband des Deutschen Literaturkreises Temeswar.* Cosmopolitan Art: Timişoara 2011, S. 165–175.

Dittrich, Karin: *Zur Morphologie der deutschen Stadtsprache in Temeswar.* (Diplomarbeit) Universitatea de Vest din Timişoara 2000.

Fink, Hans: *Besonderheiten der Temeswarer deutschen Umgangssprache.* (Diplomarbeit) Universitatea din Timişoara 1965.

Gădeanu, Sorin: *Sprache auf der Suche. Zur Identitätsfrage des Deutschen in Rumänien am Beispiel der Temeswarer Stadtsprache.* Roderer: Regensburg 1998.

Gehl, Hans: *Deutsche Stadtsprachen in Provinzstädten Südosteuropas.* Franz Steiner: Stuttgart 1997.

Hollinger, Rudolf: „Die deutsche Umgangssprache von Alt-Temeswar". In: Kelp, Helmut (Hrsg.): *Germanistische Linguistik in Rumänien 1958–1983. Eine Textauswahl.* Kriterion: Bukarest 1993, S. 242–250.

Hollinger, Rudolf: „Temeswar und sein Deutsch". *Banatica. Beiträge zur deutschen Kultur* 6 (4), 1989, S. 24–31.

Hollinger, Rudolf: „Das Stadtdeutsch von Temeswar", in drei Teilen. *Neue Banater Zeitung* (2293) 02.04.1970; (2294) 03.04.1970; (2295) 04.04.1970.

Hollinger, Rudolf: „Fenomene specifice ale limbii populare germane din Timişoara". *Analele Universităţii din Timişoara. Seria Ştiinţe Filologice* 7, 1969, S. 79–90.

Mokka, Hans: *Traumhansl und Traumlieschen. Märchen und Volkserzählungen aus Temeswar.* Ion Creangă: Bukarest 1985.

Wolf, Johann: *Banater deutsche Mundartenkunde.* Kriterion: Bukarest 1987.

Koloman Brenner

Bairische Vokaltypen aus Brennberg (Westungarn)

Abstract: The subject of this analysis are the vowels [Aˑ], [ʋˑ] and [ɪ] of the Eastern-Danubian-Bavarian/Eastern-Middle-Bavarian dialect, which is spoken by considerable groups of the German minority in Western Hungary, like in Brennberg, near Ödenburg (Sopron). The research material was examined with the spectrograph, the recorded acoustic signals with the help of spectrograms. The evaluated acoustic values of the three vowels are compared with the corresponding ones of the Standard German and Hungarian languages. The comparison is supposed to give a first view about the differences and similarities concerning the parameters of the phonetic segments.

Keywords: Phonetics, Western Hungary, Brennberg, Eastern-Danubian/Middle-Bavarian dialect

1 Einleitung – Die sprachliche Situation in Westungarn und Brennberg[1]

Die deutsche Minderheit in Ungarn gehört zu den relativ großen deutschen Gemeinschaften in Ost-Mittel-Europa, die eine lange historische Entwicklung vorweisen kann.[2] Im heutigen Ungarn gibt es drei größere Siedlungsgebiete, wo Angehörige der deutschen Minderheit in höherer Anzahl leben: Westungarn entlang der österreichischen Grenze (hier liegt auch der Untersuchungsort Brennberg), das Ungarische Mittelgebirge (vom Ofner Bergland bis zum Plattensee-Oberland) mit den Zentren Ofen/Buda und Zirc bzw. Südungarn mit dem Zentrum Fünfkirchen/Pécs. Die heutige Lage der deutschen Minderheit in Ungarn im Allgemeinen und in Westungarn im Besonderen spiegelt das Ergebnis von langwierigen sprachlichen, kultur- und minderheitenpolitischen bzw.

1　Das einleitende Kapitel entstand anhand von Brenner, Koloman: „Zum Dialektalitätsgrad deutscher Dialekte in Ungarn". In: Mauerer, Christoph (Hrsg.): *Mehrsprachigkeit in Mittel-, Ost und Südosteuropa.* (Forschungen zur deutschen Sprache in Mittel-, Ost- und Südosteuropa 4). Verlag Friedrich Pustet: Regensburg 2017, S. 126–137.

2　Vgl. Brenner, Koloman: „Deutsch(e) in Mittel-Ost-Europa". In: Bergner, Christoph/ Zehetmair, Hans (Hrsg.): *Deutsch als Identitätssprache der deutschen Minderheiten.* (Argumente und Materialien zum Zeitgeschehen 92). Hans-Seidel-Stiftung e. V.: München 2014, S. 71–74.

gesellschaftlichen Veränderungen wider. Die Tatsache, dass ab dem 16. Jahrhundert bis 1918 das ungarische Königreich in unterschiedlichen juristischen Konstruktionen mit dem Habsburgerreich verbunden war, brachte ebenfalls in mannigfaltiger Weise einen sprachlichen und kulturellen deutschen Einfluss mit sich. In diesem Prozess entstanden die deutschen Sprachinseln in Ungarn.

Bis zur Mitte des 20. Jahrhunderts sind diese örtlich gebundenen Dialekte das primäre Kommunikationsmittel unter den Angehörigen der deutschen Minderheit. Ihre Eigenart beschreibt Hutterer wie folgt: „Die deutschen Mundarten in Ungarn sind Siedlungsmundarten, die ihre heutige Form erst in der neuen Heimat erhalten haben, sie sind im Prozeß von Mundartmischung und Ausgleich entstanden."[3] Diese Feststellung wird gewöhnlich verallgemeinert verwendet, wobei schon Hutterer darauf hinweist, dass

> allein die in Westungarn (bzw. im Burgenland) gesprochenen deutschen Mundarten [...] von diesem Modell ab[weichen], da sie infolge der linearen Ausbreitung von Dialekten der ostösterreichischen Länder (Niederösterreich, Steiermark) entstanden und organische Fortsetzungen der letzteren auf ungarischem Boden sind.[4]

In Westungarn ist die althergebrachte deutsche Sprachform eine ostdonaubairische/ostmittelbairische Dialektform.[5] Die deutschen Dialektformen in Westungarn durchliefen normgerecht den Ausgleich erster und zweiter Stufe (d. i. die Entstehung einer Ortsdialektform und einer spezifischen Form für die umliegenden Ortschaften laut Hutterer), mit dem Unterschied im Vergleich zu den anderen beiden ungarndeutschen Siedlungsgebieten, dass hier die Wirkung der großregionalen Verkehrssprache ebenfalls stark war:

> Im ehemaligen – z. T. heutigen – Westungarn war die Entwicklung insofern spezifisch, daß hier durch den unmittelbaren räumlichen und sprachlichen Zusammenhang mit Österreich und durch die Nähe Wiens die Überdachung durch die ostdonaubairische Verkehrssprache seit altersher gesichert war.[6]

Dies ist die sprachliche Grundlage der Angehörigen der deutschen Minderheit in Westungarn, entlang der heutigen österreichisch-ungarischen Grenze, allerdings muss an dieser Stelle betont werden, dass hier keine klassische Sprachinsel,

---

3 Hutterer, Claus Jürgen: *Aufsätze zur deutschen Dialektologie*. (Ungarndeutsche Studien 6). Tankönyvkiadó: Budapest 1991, S. 262.

4 Hutterer 1991, S. 263.

5 Vgl. Bedi, Rezső: *A soproni hienc-nyelvjárás hangtana (Lautlehre der heanzischen Mundart von Ödenburg)*. Romwalter Alfred kö- és könyvnyomdája: Ödenburg/Sopron 1912.

6 Hutterer 1991, S. 329.

sondern eher eine Sprachhalbinsel, als Anhängsel zum geschlossenen bariri-
schen Dialektraum vorhanden ist. Dies ist auch im Falle der Ortschaft Brennberg und des hiesigen ostdonaubairischen Dialekts ähnlich zu bewerten. Wenn
wir also die sprachliche Situation der deutschen Minderheit in Ungarn heutzutage generell beobachten, ergibt sich folgendes Bild: Die deutschen Dialekte
sind im Rückzug, der Sprachverlust und die Assimilation ist aber in den drei
angeführten Siedlungsgebieten z. T. unterschiedlich vorangeschritten. Die Kompetenz bezüglich der deutschen Dialekte ist eindeutig abhängig vom Alter, die
anderen sozialen Faktoren modifizieren lediglich das Gesamtbild.[7] Von der
ältesten Generation angefangen registrieren wir eine graduelle Einengung der
Kompetenz, die produktive Verwendung wird in den anderen Generationen
immer geringer, bei der jungen Generation beschränkt sie sich fast nur auf ritu-
alisierte Sprechsituationen. Die Situation in Westungarn wurde mithilfe eines
leicht modifizierten Fragebogens vom Autor analysiert[8]; als Ergebnis dieser
Studie wurde die These formuliert, dass sich Westungarn bezüglich des Sprachgebrauchs in einer Zwischenstellung im Vergleich mit den zwei anderen Siedlungsgebieten befindet. Die Einengung der dialektalen deutschen Kompetenz ist
in Westungarn nicht so vorangeschritten wie in der Umgebung von Budapest,
allerdings im Vergleich zu Südostungarn, wo auch in der mittleren Generation
breite Schichten der Ungarndeutschen produktiv und rezeptiv die deutsche Dialektform beherrschen und sogar in der jüngeren Generation nicht nur vereinzelt
diese Kompetenz erscheint, ist der Prozess stärker ausgeprägt.

   Die Ortschaft Brennberg liegt bei der Stadt Ödenburg (siehe Abb. 1), die
Gegend weist eine besondere Geschichte vor im Vergleich mit anderen von
Angehörigen der deutschen Minderheit bewohnten Siedlungsräumen.[9] In der
Stadt und in ihrer Umgebung entwickelte sich ab dem 13.–14. Jahrhundert eine
dominant deutsch(sprachig)e Ansiedlung, ab 1277 wurde sie als freie königliche
Stadt mit Privilegien versehen. Im Ödenburger Archiv können mittelalterliche
Sprachdenkmäler gefunden werden, u. a. mittelhochdeutsche Texte. 1921 fand
eine Volksabstimmung über die Gegend statt; statt wie geplant Hauptstadt des

---

7 Vgl. Knipf, Elisabeth/Erb, Maria: „Sprachgewohnheiten bei den Ungarndeutschen".
   Beiträge zur Volkskunde der Ungarndeutschen, Budapest 1998, S. 138–146.

8 Brenner, Koloman: „Sprachliche Situation der deutschen Minderheit in West-Ungarn".
   In: Ruda, Gábor (Hrsg.): *Minderheitenschulen – Zweisprachiger Unterricht*. Verlag
   Dr. Kovač: Hamburg 2003, S. 119–126.

9 Zu der detaillierten Ortsgeschichte siehe auch Becher, Nándor: *Brennbergbánya 1753-
   1793-1933*. Sopron 1993; Lang-Magyar, Maria Theresia: „Friedhofkultur in Brennberg".
   Beiträge zur Volkskunde der Ungarndeutschen, Budapest 2015, S. 148–234.

Abb. 1: Ödenburg und Umgebung. Quelle: Die Deutschen in Ungarn – eine. Landkarte mit den deutschen Ortsnamen (© Neue-Zeitung-Stiftung)

heutigen österreichischen Bundeslandes Burgenland ist sie als Ergebnis derselben bei Ungarn geblieben. Brennberg gehörte verwaltungstechnisch immer zur Stadt, seit dem Jahre 1756, als am Ort Steinkohle gefunden wurde. Über die Person des glücklichen Entdeckers gehen die Meinungen auseinander. Fest steht, dass um 1780 die Arbeit im Bergwerk aufgenommen wurde.

Die Bevölkerung bestand hauptsächlich aus den Bergleuten und ihren Familienmitgliedern, die Kumpel kamen meistens aus naheliegenden Siedlungen, aber unter ihnen befanden sich auch welche aus den tschechischen Teilen der österreichisch-ungarischen Monarchie. Als 1926 die Dorfschule verstaatlicht wurde, erfolgte der Unterricht in deutscher und ungarischer Sprache, obwohl es noch im letzten Drittel des 19. Jahrhunderts nachweislich auch einen Unterricht auf Tschechisch gegeben hatte. Nach der Vertreibung, die auch die Ödenburger Gegend betroffen hatte, blieb in Brennberg wegen der spezifischen Bergwerkkenntnisse die alte Bevölkerung relativ intakt. Die geschlossene deutschsprachige Dorfgemeinschaft wurde dadurch z. T. aufrechterhalten, dass in der kommunistischen Zeit eine Abschottung derselben stattfand, sie lag direkt am Eisernen Vorhang und lediglich mit einer Sondererlaubnis durften ihre Grenzen passiert werden. Der ostmittelbairische Dialekt diente in den 1960er Jahren noch als primäres Kommunikationsmittel, um 1970 betrug der Anteil der Angehörigen der deutschen Minderheit in Brennberg etwa 70 % der Bevölkerung.[10] Ab den 80er Jahren des 20. Jahrhunderts veränderte sich das Gesamtbild der Kleinregion, es entstanden immer engere wirtschaftliche Beziehungen mit dem benachbarten Burgenland und Österreich im Allgemeinen: Ein bis heute in unterschiedlicher Intensität vorhandener Einkaufs- und Dienstleistungstourismus (Ödenburg wurde als „Zahnärztestadt" berühmt) auf der einen Seite und ein starker arbeitsmotivierter Pendlerverkehr nach Österreich auf der anderen Seite prägen das Bild. In Brennberg steigt seit 1990 die Einwohnerzahl auch dadurch bedingt, dass sozial schwache Schichten seitens der Stadtverwaltung Sozialwohnungen zugewiesen bekommen, was auch das sprachlich-ethnische Verhältnis in der Siedlung veränderte.

2 Methodik und Ergebnisse der akustischen Analyse

Die Untersuchung der lautlichen Seite der menschlichen Sprache erlebt seit Jahrzehnten einen enormen Aufschwung, der auch von der (computer)technischen Entwicklung maßgeblich beeinflusst wird. Die kinetischen Organstereotypien (sich in ungefähr gleicher Form wiederholende Bewegungskomplexe) bei der Produktion des Sprechschalls werden seitens des zentralen Nervensystems gesteuert und z. T. durch das periphere Nervensystem ausgeführt. Pétursson und Neppert betonen, dass diese Steuerungsprozesse im Wesentlichen „unterhalb der Bewusstseinsschwelle voll automatisch [ablaufen]"[11]. Der Sprechschall, als kontinuierliches Trägersignal von Sprachinhalten stellt akustisch gesehen ein lautliches Geflecht dar. Während der Sprechproduktion erscheint dieses lautliche Geflecht durch Pausen unterbrochen und innerlich vielfach fein strukturiert. Der Sprechschall setzt sich laut der traditionellen Darstellung aus zwei nichthierarchischen Ebenen zusammen: Die segmentale Struktur beinhaltet Segmente auf einer „atomischen" Stufe (gemeinsam mit den Assimilationsphasen in ihrer Umgebung), die in der traditionellen Lehre als (Sprech)Laute gelten[12]. Dies überlagert die suprasegmentale Ebene, die nicht direkt segmentierbar ist und

---

10 Vgl. Manherz, Karl: *Sprachgeographie und Sprachsoziologie der deutschen Mundarten in Westungarn.* Akadémiai Kiadó: Budapest 1977, S. 20.

11 Pétursson, Magnús/Neppert, Joachim: *Elementarbuch der Phonetik.* Buske Verlag: Hamburg 2002, S. 180.

12 Zu den Problembereichen der Lautübergänge und zur Perzeption der segmentalen Struktur siehe Gósy, Mária: „A szegmentális hangszerkezet percepciójáról". *Magyar Fonetikai Füzetek 8.* Budapest 1981, S. 87–103.

Phänomene wie Intonation, Quantität, Sprechtempo usw. vereint. Diese Segmente (Laute) wurden laut der klassischen Definition von „Phon" phonologisch nicht klassifiziert, sodass keine Bedeutung oder bedeutungsunterscheidende Funktion im Zusammenhang mit ihnen festzuhalten ist.

Laut der Definition von Bolla ist der Sprechlaut „[d]as akustische Korrelat der sich im physiologischen Vorgang der Erzeugung der Rede wiederholenden annähernd gleichen kinetischen Stereotypien, Bewegungskomplexe [...]"[13]; ferner stellt er fest, dass der Einzelsprechlaut dasjenige Segment der Lautreihe sei, „das sich im Lautkörper von Wörtern und Wortgestalten unter den für den Aufbau der Lautreihe der gegebenen Sprache charakteristischen Bedingungen in materiell gleicher oder annähernd gleicher Form wiederholt."[14] Bei dieser Definition ist die Gleichsetzung des „Sprechlauts" mit dem Segmentbegriff in seiner akustischen Erscheinungsform augenscheinlich und nicht unproblematisch. Die Abgrenzung „Segment" vs. „Phon" ist nach meiner Meinung kaum möglich und sinnvoll, da die (individuellen) Realisierungen bzw. Eigenarten der Segmente in der spontanen Rede diese Typisierung ab ovo notwendig machen.

Diese Darstellung bezüglich der Phone untermauert die Zielsetzung, das Material und die Methodik der vorliegenden akustischen Analyse bezüglich der drei Vokaltypen [A], [ʋ] und [ɪ] der ostdonaubairischen deutschen Dialektform in Brennberg (Westungarn). Bei den verschiedenen akustischen Parametern werden diejenigen berücksichtigt, die bei der perzeptiven Verarbeitung von Klangstrukturen von besonderer Wichtigkeit sind. Die erforschten Daten werden ausgewertet und parallel zu den Werten von ähnlichen Lauttypen der ungarischen und der deutschen Standardvarietät aufgearbeitet, um eventuelle Interferenzerscheinungen darzustellen und erläutern zu können. Es soll an dieser Stelle festgehalten werden, dass die akustischen Konstituenten von Segmenten des komplexen, lautlich-akustischen Geflechts, die von den jeweils kompetenten Sprechern als Typen produziert werden, als die empirisch nachweisbare Grundlage des Sprachverstehens auf der phonetischen Ebene betrachtet werden. Im Prozess der Kommunikation mithilfe gesprochener Sprache sind diese Segmente natürlich nur zwecks einer phonetischen Untersuchung reell existent, der mit den Sprechwerkzeugen erzeugte Sprachschall, der sich aus komplexen, sich überlagernden Schwingungen zusammensetzt, ist ja, was die inneren und temporalen Verhältnisse desselben anbelangt, immens fein strukturiert, sodass er

---

13 Bolla, Kálmán: „A magyar beszéd akusztikai szerkezetének analízise és szintézise. Kutatástörténeti áttekintés". *Magyar Fonetikai Füzetek 11*. Budapest 1982, S. 18.
14 Bolla 1982, S. 18; deutsche Übersetzung von László Valaczkai.

fähig ist, als materieller Träger von sprachlichen Inhalten zu funktionieren.[15] Die Analyse beschränkt sich dementsprechend auf die akustische Form der Lauttypen, auf die wesentlichsten Faktoren der Segmente (Phone) der untersuchten ostdonaubairischen Dialektform von Brennberg.[16] Forschungsmaterial war demnach einerseits die Aussprache von kompetenten Sprechern der Brennbergschen Dialektform, andererseits die Aussprache von kompetenten Sprechern aus dem geschlossenen deutschen Sprachraum, bzw. der ungarischen Standardvarietät. Das minimalisierte sprachliche Korpus war identisch mit demselben der Untersuchung bezüglich der deutschen Standardvarietät von Valaczkai[17], die Werte der entsprechenden Lauttypen der ungarischen Standardvarietät stammen aus der Analyse von Szalai.[18]

Als Methode wurde die dynamische Spektrographie gewählt, die Analysen der Brennberger deutschen Dialektform und der deutschen Standardvarietät erfolgten gleichwohl mit dem Spektrographen „Voice Identification Incorporation (Series 700)" (zw. 65–8000 Hz) und dem Intensitätsmessgerät „IM-36" (F-J Electronics, Breitbandfilter von 300 Hz) um die interne Intensitätsstruktur zu ermitteln. Die Analyse der ungarischen Standardvarietät wurde mithilfe des digitalen Sprachsignalverarbeitungsprogramms CSL (Computerised Speech Laboratory, Serial Number 4300B) untersucht. Im Falle der untersuchten Vokaltypen, die in allen sprachlichen Varietäten zu den eindeutig identifizierbaren und wahrnehmbaren Elementen des Vokalsystems gehören, wurden von den akustischen Parametern die Werte der ersten drei Formanten miteinander verglichen und ausgewertet (s. Tab. 1).

Als allgemeine Tendenz beim Vergleich der Formantenwerte der [Aˑ]-Vokaltypen kann festgehalten werden, dass die absoluten Werte der deutschen Dialektform aus Westungarn im Falle aller drei Formanten wesentlich niedriger sind, im Vergleich mit den Lauttypen der deutschen und ungarischen Standardsprache. Dies steht höchstwahrscheinlich im Zusammenhang mit der spezifischen Grundtonlage der Versuchsperson, da diese Grundtonlage im untersuchten Fall niedriger als der Durchschnitt ist: 70 Hz. Allerdings zeigt die spektrale

---

15 Vgl. Valaczkai, László: „Die Rolle der Faktoren der akustischen Struktur der deutschen bzw. ungarischen Sprechlaute bei ihrer Dekodierung als Phoneme". *DAAD Dokumentationen und JATE Materialien.* Szeged/Bonn 1989, S. 387.

16 Vgl. Brenner, Koloman: *Akustische Analyse der Brennbergschen deutschen Mundart.* (unveröffentl. Dissertation) Szeged 1994.

17 Valaczkai, László: *Atlas deutscher Sprachlaute.* Edition Praesens: Wien 1998.

18 Szalai, Enikő: „Az [u:], [a:] és [i] hangok koartikulációs mezőiről". *Beszédkutatás 95.* Budapest 1995, S. 83–92.

Tab. 1: Formantenwerte der Vokaltypen [Aˑ]

Brennberg (Brenner)	Standarddt. (Valaczkai)	Standardung. (Szalai)
F1 290–390 Hz	F1 610–850 Hz	F1 665–892 Hz
F2 730–760 Hz	F2 1180–1900 Hz	F2 1300–1496 Hz
F3 1780–1930 Hz	F3 2980–3100 Hz	F3 2340–2971 Hz

Tab. 2: Formantenwerte der Vokaltypen [ʋˑ]

Brennberg (Brenner)	Standarddt. (Valaczkai)	Standardung. (Szalai)
F1 120–140 Hz	F1 160–400 Hz	F1 257–414 Hz
F2 350–470 Hz	F2 500–900 Hz	F2 637–803 Hz
F3 k. A.	F3 k. A.	F3 2228–2705 Hz

Verteilung der Formanten ein ähnliches Bild, bei unterschiedlichen absoluten Formantenwerten. Bei F1 und F2 wurden Unterschiede von mehreren Hundert Hz gemessen, wenn die Formanten der Vokale der Brennberger deutschen Dialektform und der deutschen Standardvarietät berücksichtigt werden. F3 ist mehr als 1000 Hz höher im Falle der deutschen Standardvariante des Vokaltyps. Der Vergleich der deutschen und ungarischen standardsprachlichen [Aˑ]-Variante brachte im Falle von F1 fast identische Angaben, bei F2 liegt die obere Grenze des Formanten der deutschen Standardvarietät bei 1900 Hz, bei der ungarischen Standardvariante bei 1496 Hz. Die Werte des dritten Formanten (F3) liegen im Falle des Vokaltyps der deutschen Standardform um 3000 Hz, die niedrigeren ungarischen Formantenwerte sind bei 2340 Hz zu finden.

Die kontrastive Analyse der [ʋˑ]-Vokaltypen zeichnete folgendes Gesamtbild (s. Tab. 2): Die tendenziell niedrigeren Formantenwerte des Vokals der deutschen Dialektform aus Westungarn weichen nicht so prägnant ab von den anderen beiden Vokalvarianten, es ist aber anzuführen, dass die Unterschiede zur ungarischen Standardvokalvariante größer ausfallen, als diejenigen zur deutschen Standardvokalvariante. Die höheren Grenzwerte der Formanten zeigen wieder um mehrere Hundert Hz niedrigere Werte im Vergleich zu denselben des Vokals der deutschen Standardvarietät. Die Formantenwerte der deutschen und der ungarischen Standardvarietät sind vergleichsweise ähnlich, bei F1 ist der untere Grenzwert der deutschen Standardvariante mit 160 Hz, bzw. bei F2 der untere Grenzwert von 500 Hz auffallend abweichend.

Tab. 3: Formantenwerte der Vokaltypen [ɪ]

Brennberg (Brenner)	Standarddt. (Valaczkai)	Standardung. (Szalai)
F1 130–170 Hz	F1 250–450 Hz	F1 252–382 Hz
F2 1360–1530 Hz	F2 2360–2560 Hz	F2 2179–2559 Hz
F3 1770–2200 Hz	F3 3100–3400 Hz	F3 2798–2951 Hz

Die Untersuchung bezüglich der [ɪ]-Vokaltypen brachte eindeutig niedrigere Formantenwerte der deutschen Dialektform von Brennberg (s. Tab. 3); was die spektrale Verteilung der Formanten betrifft, ist diese hier nicht so eindeutig ähnlich, wie es bei den [Aˀ]-Vokaltypen nachzuweisen war. Im Durchschnitt fallen die Werte von F1 um etwa 250–300 Hz, diejenigen von F2 um ca. 1000 Hz und die von F3 um 1300–1400 Hz niedriger aus, verglichen mit denselben Formantenwerten des Vokaltyps der deutschen Standardvarietät. Die deutschen und ungarischen Formantenangaben zeigen eine starke Konvergenz bezüglich F1 und F2. Nur im Falle von F3 ist eine größere Abweichung vorhanden: Die höheren Grenzwerte des Vokals der deutschen Standardvarietät liegen mit 3400 Hz wesentlich höher im Vergleich zu der ungarischen Standardvariante mit 2951 Hz.

3 Fazit

Der konfrontativ-kontrastive Vergleich der akustischen Form der drei untersuchten Vokaltypen der ungarndeutschen ostdonaubairischen Dialektform mit denen einer deutschen Standardvarietät brachte folgendes Ergebnis: Wenn der Vergleich mit den Vokaltypen der ungarischen Standardsprache in die Betrachtung miteinbezogen wird, waren aufgrund dieser kontrastiven akustischen Analyse weder in Bezug auf die eine deutsche Standardvariante, noch auf die ungarische Standardform besondere Interferenzerscheinungen nachzuweisen.

Diese Konklusion muss als Grundlage für die weiterführenden Forschungen betrachtet werden bzw. sie unterstützt die Annahme, dass die ermittelten akustischen Konstituenten die Eigenart der untersuchten ungarndeutschen ostmittelbairischen Vokaltypen repräsentieren. Wie erwähnt, muss durch Perzeptionstests die auditive Bestimmtheit derselben noch ermittelt werden und auch manche akustischen Erscheinungen müssen noch weiteren Analysen unterzogen werden. Als weitere Forschungsschritte sind noch ähnliche akustische Untersuchungen bezüglich der Aussprache von ungarndeutschen Sprechern aus den anderen Generationen zu erwähnen. Es ist zu erwarten, dass dadurch die phonetischen Tendenzen im Prozess der Entwicklung der bilingualen Situation von Angehörigen der deutschen Minderheit in Brennberg näher erläutert werden können.

Zum Schluss soll der Hinweis darauf stehen, dass ähnliche experimentell-phonetische Forschungen[19] anhand von neuem Tonmaterial, aber auch anhand von archivierten Aufnahmen neue Erkenntnisse über die Eigenart und Entwicklung der ungarndeutschen Dialekte liefern können. Solche akustische Analysen bringen relevante Ergebnisse bezüglich der phonetischen Einzelheiten der sprachlichen Entwicklung in Westungarn, zu Fragen des Sprachenwechsels, der Interferenzerscheinungen und Vieles mehr.

Literatur

Becher, Nándor: *Brennbergbánya 1753–1793–1933*. o.V.: Sopron 1993.

Bedi, Rezső: *A soproni hienc-nyelvjárás hangtana (Lautlehre der heanzischen Mundart von Ödenburg)*. Romwalter Alfred kö- és könyvnyomdája: Ödenburg/Sopron 1912.

Bolla, Kálmán: „A magyar beszéd akusztikai szerkezetének analízise és szintézise. Kutatástörténeti áttekintés". *Magyar Fonetikai Füzetek 11*. Budapest 1982.

Brenner, Koloman: „Zum Dialektalitätsgrad deutscher Dialekte in Ungarn". In: Mauerer, Christoph (Hrsg.): *Mehrsprachigkeit in Mittel-, Ost und Südosteuropa*. (Forschungen zur deutschen Sprache in Mittel-, Ost- und Südosteuropa 4). Verlag Friedrich Pustet: Regensburg 2017, S. 126–137.

Brenner, Koloman: „Neue Tendenzen der Mehrsprachigkeit in Ödenburg und Umgebung". In: Jesenšek, Marko (Hrsg.): *Rojena v narečje: akademikinji prof. dr. Zinki Zorko ob 80-letnici*, Mednarodna založba Oddelka za slovanske jezike in književnosti, Filozofska fakulteta. Maribor 2016, S. 342–355.

Brenner, Koloman: „Deutsch(e) in Mittel-Ost-Europa". In: Bergner, Christoph/Zehetmair, Hans (Hrsg.): *Deutsch als Identitätssprache der deutschen Minderheiten*. (Argumente und Materialien zum Zeitgeschehen 92). Hans-Seidel-Stiftung e. V.: München 2014, S. 71–74.

---

19 Vgl. z. B. Brenner, Koloman: *Plosive der deutschen Dialekte in West-Ungarn*. (Budapester Beiträge zur Germanistik 44). ELTE Germanistisches Institut: Budapest 2004 oder Brenner, Koloman: „Affrikaten konfrontativ – ein Vergleich ungarndeutsch vs. ungarisch". In: Langanke, Ulrich (Hrsg.): „*das gueth von alten Lern"*. *Jugend-Festschrift für Karl Manherz zum 60. Geburtstag*. ELTE Germanistisches Institut: Budapest 2002, S. 31–41.

Brenner, Koloman: *Plosive der deutschen Dialekte in West-Ungarn*. (Budapester Beiträge zur Germanistik 44). ELTE Germanistisches Institut: Budapest 2004.

Brenner, Koloman: „Sprachliche Situation der deutschen Minderheit in West-Ungarn". In: Ruda, Gábor (Hrsg.): *Minderheitenschulen – Zweisprachiger Unterricht*. Verlag Dr. Kovač: Hamburg 2003, S. 119–126.

Brenner, Koloman: „Affrikaten konfrontativ – ein Vergleich ungarndeutsch vs. ungarisch". In: Langanke, Ulrich (Hrsg.): *„das gueth von alten Lern".* Jugend-Festschrift für Karl Manherz zum 60. Geburtstag. ELTE Germanistisches Institut: Budapest 2002, S. 31–41.

Brenner, Koloman: *Akustische Analyse der Brennbergschen deutschen Mundart.* (unveröffentl. Dissertation) Szeged 1994.

Gósy, Mária: „A szegmentális hangszerkezet percepciójáról". *Magyar Fonetikai Füzetek 8.* Budapest 1981.

Hutterer, Claus Jürgen: *Aufsätze zur deutschen Dialektologie.* (Ungarndeutsche Studien 6). Tankönyvkiádó: Budapest 1991.

Knipf, Elisabeth/Erb, Maria: „Sprachgewohnheiten bei den Ungarndeutschen". *Beiträge zur Volkskunde der Ungarndeutschen,* Budapest 1998, S. 138–146.

Lang-Magyar, Maria Theresia: „Friedhofkultur in Brennberg". *Beiträge zur Volkskunde der Ungarndeutschen,* Budapest 2015, S. 148–234.

Magdics, Klára: *A magyar beszédhangok akusztikai szerkezete.* Akadémiai Kiadó: Budapest 1965.

Manherz, Karl: *Sprachgeographie und Sprachsoziologie der deutschen Mundarten in Westungarn.* Akadémiai Kiadó: Budapest 1977.

Olaszy, Gábor: *Elektronikus beszédelőállítás. A magyar beszéd akusztikája és formánsszintézise.* Műszaki Könyvkiadó: Budapest 1989.

Pétursson, Magnús/Neppert, Joachim: *Elementarbuch der Phonetik.* Buske Verlag: Hamburg 2002.

Szalai, Enikő: „Az [u:], [a:] és [i] hangok koartikulációs mezőiről". *Beszédkutatás 95.* Budapest 1995, S. 83–92.

Valaczkai, László: *Atlas deutscher Sprachlaute.* Edition Praesens: Wien 1998.

Valaczkai, László: „Die Rolle der Faktoren der akustischen Struktur der deutschen bzw. ungarischen Sprechlaute bei ihrer Dekodierung als Phoneme". In: *DAAD Dokumentationen und JATE Materialien.* Szeged/Bonn 1989, S. 387–399.

Doris Sava

Sprache vor Gericht: Dokumentation frühneuhochdeutscher institutioneller Schriftlichkeit in Siebenbürgen

Abstract: This article documents the early modern German institutional writings from the Administrative Centre in Sibiu, presenting a certain functional area of text production – the fixation of legal matters in court records (1600–1700) of the Judiciary of Sibiu – and the German's profile within a historically important German linguistic landscape. The written codification of the institutional communication illustrates that the court records do not only preserve characteristics of the region-specific language use, but are committed to a document-specific language use from a structural-linguistic point of view.

Keywords: institutional writings, early modern German, diachrony, Transylvania

1 Vorbemerkungen

Als Texte der Gerichtsbarkeit und der Urteilsfindung belegen die Niederschriften juristisch relevanter Sachverhalte Auffälligkeiten der schriftlichen Kodifizierung institutioneller Kommunikation in der Amtssprache Deutsch und auch, wie die Protokollierungspraxis in den Prozessakten des Hermannstädter Judikats ausgestaltet ist.

Die Erschließung handschriftlicher Quellen aus der Hermannstädter Kanzlei und aus unterschiedlichen Archiven Siebenbürgens ist für die sprachhistorische Erforschung des Deutschen als Regional- und Amtssprache bedeutsam. Siebenbürgen ist im 17. Jahrhundert durch eine sprachliche Vielfalt charakterisiert, die aus dem Zusammenleben dreier Nationalitäten (Sachsen, Ungarn und Rumänen) resultiert. Die Protokolle bieten daher auch Belege für die Mehrsprachigkeit in Siebenbürgen. Lexikalisch sind altromanische, rumänische und ungarische Lehnwörter auffällig, was durch den Einfluss der Diglossiesituation begründet ist.

Die Auswertung von Prozessakten als Reflex einer historischen Kommunikationspraxis und die Erfassung der gesprochenen Sprache in der Protokollierungspraxis innerhalb eines historisch bedeutsamen deutschsprachigen Gebiets kann über den kanzleisprachlichen Schreibusus und die Besonderheiten des Deutschen in arealer Abgrenzung hinaus veranschaulichen, welche Protokollierungstechniken von den Schreibern verschiedener Gerichtsinstanzen in der Enklave Siebenbürgen angewandt wurden.

Im Beitrag soll daher das Profil der frühneuhochdeutschen institutionellen Schriftlichkeit am Material unveröffentlichter Gerichtsprotokolle (1650–1699)[1] aus den Beständen der Gerichtsbehörde der Stadt und des Stuhls[2] Hermannstadt exemplarisch erfasst werden.

2 Institutionelle Schriftlichkeit im Verwaltungszentrum Hermannstadt

Das reiche Urkundenmaterial im Hermannstädter Staatsarchiv belegt, dass Deutsch neben Latein seit der zweiten Hälfte des 16. Jahrhunderts als Amtssprache in der Kanzlei des Hermannstädter Stadt- und Stuhl-Magistrats und in der Sächsischen Nationsuniversität verwendet wurde.[3] Die Sächsische Nationsuniversität war von 1486 bis in die zweite Hälfte des 19. Jahrhunderts die oberste Rechts- und Verwaltungskörperschaft der Siebenbürger Sachsen auf dem Königsboden. Die Nationsuniversität als politische Vertretungs- und Selbstverwaltungskörperschaft der Siebenbürger Sachsen trat in der Regel einmal jährlich in Hermannstadt zusammen. Ihre Dokumente – Sitzungsprotokolle, Urteilsschriften an die Zünfte, Zunftordnungen, das Statutargesetzbuch (1583) und die Kirchenordnung (1547) – werden im Nationalen Staatsarchiv Hermannstadt aufbewahrt. Bis 1555 wurden die Protokolle der Sächsischen Nationsuniversität ausschließlich auf Latein verfasst[4] und bis 1550 sind nur vereinzelt Schriftstücke des Hermannstädter Magistrats in deutscher Sprache auszumachen.

---

1   Deren Originale befinden sich im Hermannstädter Staatsarchiv.

2   Die „Sieben Stühle" bezeichnen ein historisches Gebiet auf dem Königsboden und die Verwaltungseinheiten der Nationsuniversität als politische Vertretung der Siebenbürger Sachsen (13.–19. Jahrhundert): Hermannstadt (rum. Sibiu; Hauptstuhl), Broos (rum. Orăştie), Mühlbach (rum. Sebeş), Reußmarkt (rum. Miercurea Sibiului), Leschkirch (rum. Nocrich), Großschenk (rum. Cincu), Schäßburg (rum. Sighişoara) und Reps (rum. Rupea).

3   Während in Siebenbürgen Latein bis ins 18. Jahrhundert hinein in der Verwaltung, Kultur und Kirche gebraucht wurde, wurde außerhalb des Karpatenbogens, in der Walachei und in der Moldau vorwiegend Kirchenslawisch, Rumänisch, Neugriechisch, Türkisch und Latein als Schriftsprache verwendet. Zu deutschsprachigen Urkunden auf dem Gebiet Rumäniens vgl. Ratcu, Ileana-Maria: *Deutschsprachige Urkunden aus Siebenbürgen (15.–19. Jh.). Urkundensprache – Paläographie – Handschriftenkunde.* Akademikerverlag: Saarbrücken 2013.

4   Vgl. dazu Dogaru, Dana Janetta: „Akten der siebenbürgisch-sächsischen Nationsuniversität im 16. Jahrhundert. Zu Form und Inhalt". In: Moshövel, Andrea/Spáčilová,

Ein sehr umfangreiches und kaum untersuchtes Quellenmaterial der Hermannstädter Kanzlei stellen die Gerichtsprotokolle dar. Die Niederschriften gerichtlicher Verhandlungen sind in der Regel jahrgangsweise gebunden. Die Prozesse wurden auf der juristischen Grundlage des Statutargesetzbuches der Sächsischen Nationsuniversität, des *Eigen-Landrechts* der Siebenbürger Sachsen (1583), geführt.[5] 1583 wurde es in lateinischer Originalfassung und in deutscher Übersetzung gedruckt. Die deutsche Fassung ist frei nach der lateinischen Vorlage bearbeitet worden. Die lateinische Fassung des Gesetzestextes nennt explizit die sächsische Mundart („saxonicoidiomate"), während in der deutschen Ausgabe, die im selben Jahr erschien, die ‚deutsche Sprache' erwähnt wird: „ein jeder klaeger [sol] in Sachsischemgericht/seine Prosition vnd klage wider Sachsen/ inn Deutscher Sprache klaerlich vnd bescheiden fuehren." (*Eigen-Landrecht,* S. XIII).

Die Judikatsprotokolle des Verwaltungszentrums Hermannstadt ermöglichen Aussagen zur Ausprägung der deutschen Amtssprache in Siebenbürgen.[6] Die Fixierung juristisch relevanter Sachverhalte und die Erfassung gesprochener Sprache erlauben es, Auffälligkeiten der institutionellen Kommunikations- und Protokollierungspraxis in der Enklave Siebenbürgen exemplarisch aufzuzeigen.[7]

Libuše (Hrsg.): *Kanzleisprache – ein mehrdimensionales Phänomen. Tagungsband für Prof. PhDr. Zdeněk Masařík, DrSc., zum 80. Geburtstag.* (Beiträge zur Kanzleisprachenforschung 6). Praesens: Wien 2009, S. 131–148.

5 *Statuta Iurium Municipalium Saxonum in Transylvania/Der Sachſſen jnn Siebenbuergen: STATVTA: Oder eygen Landtrecht.* Durch Matthiam Fronium vberſehen/gemehret Vnd Mit Kön: Maieſt: inn Polen/gnad vnd Priuilegio in Druck gebracht. Anno MDLXXXIII. Das Statutargesetzbuch wurde in den Universitätsversammlungen von 1570 bis 1582 durchgesehen und am 18. Februar 1583 vom Fürsten Stephan Báthory als Rechtsvorschrift bestätigt. Zur Entstehungsgeschichte des *Eigen-Landrechts* vgl. Laufs, Adolf: „Einführung". In: Arbeitskreis für Siebenbürgische Landeskunde (Hrsg.): *Das Eigen-Landrecht der Siebenbürger Sachsen. Unveränderte Wiedergabe des Erstdrucks von 1583.* Hans Meschendörfer: München 1973, S. V–XX.

6 Untersuchungen zur deutschen Kanzleisprache in Siebenbürgen und zur Amtssprache des Verwaltungszentrums Hermannstadt in der frühen Neuzeit und zu Beginn ihrer Niederschrift auf Deutsch aus syntaktischer Sicht hat vorwiegend Dogaru vorgelegt.

7 Gerichtsprotokolle waren Untersuchungsgegenstand eines vom rumänischen Ministerium für Bildung und Forschung finanzierten Forschungsprojekts *Deutschsprachige Kanzleischriftstücke in siebenbürgischen Archiven. Erfassung, Edition, semantische und morphosyntaktische Beschreibung* (PN-II-ID-PCE-2011-3-0934; Projektlaufzeit: 2012– 2016).

Für die vorliegende Untersuchung wurden ausgewählte und unveröffentlichte deutschsprachige Schriftstücke aus 14 Judikatsprotokollbänden gesichtet, deren Niederschrift zwischen 1650 und 1699 erfolgte. Die Gerichtsprotokolle der Jahre 1600–1705 umfassen 39 Bände. Die schriftliche Zusammenfassung durchgeführter rechtlicher Handlungen wurde teilweise auf lose Blätter geschrieben, die später eingebunden wurden. Einige Eintragungen erscheinen daher nicht in chronologischer Reihenfolge.

Die Protokolle, die fast ausschließlich in deutscher Sprache verfasst worden sind, zeigen ein einheitliches Schriftbild. Sie weisen eine übersichtliche Textgliederung und eher wenige Korrekturen auf. Das Schriftbild ist grafisch und formal schlicht. Die Transkription der Handschrift ist fallweise sehr schwierig.

Inhaltlich handelt es sich um handschriftlich niedergelegte Darlegungen gerichtlicher Verhandlungen am Gericht der Stadt und des Stuhls Hermannstadt (Judikat). Die Eintragungen wurden mit der Erwähnung des Gerichtsverfahrens und der Datumsangabe eingeführt, danach wurde angemerkt, wer wen anklagte und wofür. Ein ausführliches Protokoll dokumentiert die Aussagen des Klägers, die Antwort des Beklagten bzw. Angeklagten, die Zeugenaussagen und – fallweise – das Urteil.

Der Vorsitzende (Königs-, Stuhlrichter) und der Sekretär des Gerichts sind ab den letzten beiden Jahrzehnten des 17. Jahrhunderts namentlich verzeichnet. Funktional dienen die untersuchten Texte der schriftlichen Fixierung gerichtlicher Auseinandersetzungen, der Beweisführung und des Urteilsspruchs. Ihre Gestaltung ist – über die Textsortenzugehörigkeit hinaus – von den siebenbürgisch-sächsischen Gerichtsinstanzen und deren Verfahrensweisen geprägt.

Der Umfang der Protokolle variiert. Im Durchschnitt ist ein Protokoll etwa zwei bis fünf Seiten lang.[8] Die Protokolle weisen eine sich wiederholende Textstruktur auf: Situierung, Klage, Einrede, Zeugenvernehmungen (für die Klägerpartei und für die beklagte Partei) und Beschluss. Auffallend sind zunächst die sich wiederholenden obligatorischen Textelemente in der Situierung, die als Einleitung konzipiert wurde und die lateinische oder lateinisch-deutsche Textteile umfasst.

Viele Gerichtsverfahren beruhen auf Verleumdung und Rufmord:

(1) Anno 1654 Die 28 Maÿ. Sein wör Ein Löbligen Gericht erschiene[n] Georgius Schloßer ut Actor, Vnd Georgius Balbierer quasi Inctus. I. klaget, [...] das er ihn eine Schelm

---

8   Die im Beitrag zitierten Protokollauszüge entstammen Originalurkunden. Hinter den Originalzitaten wird die Angabe des Bandes, aus dem die zitierte Prozessakte stammt, gefolgt von der Angabe der Seitenzahl in der Akte vermerkt. Im Literaturverzeichnis wird die Jahreszahl, auf die sich die Datierung der Akte bezieht, angeführt.

v. Czigäuner geheißen hätte. Inctus negieret solches das er es geredet hatte. (Judikatsprotokolle, Bd. IX, 12ʳ)

In der Klage, die ausschließlich auf Deutsch verfasst ist, erfolgt die Beschreibung
des Streitfalls. Die Klage ist in der Regel durch einen neuen Absatz markiert
und häufig durch die lateinische Bezeichnung *Propositio* eingeleitet, die in Form
eines Randvermerks erscheint:

> (2) 17. August 1690: Causa levata Stephani Artz Töpffner gesellens ut A. ab una und
> dann Toma Töpfners nomine & in persona seiner Tochter Catharina ut I. Partibus ab
> altera, da A. seine propositional so führet:
> Propositio M. W. H. demnach gegenwertiges weib mich betrinket, und meine Ehr abge-
> schnitten, mich ins gefengnüs setzen laßen, und mich beschuldiget alß wenn ich ihr
> schelm sey, und sie beschwangert, begehre derowegen ein solches zu docieren. (Judi-
> katsprotokolle, Bd. XXV, 31ʳ)

Auf die *Propositio* des Klägers folgt die *Replica* (Klageerwiderung) der Angeklagten in deutscher Sprache.

> (3) Anno 1676 die 2da Maÿ Stan Morairul de Avrik beklaget den Ioan Todo, daß er ihn
> durch Diebmörder schelten injuriret. Inctus repl. A. hette ihn zu[m] ersten mit derglei-
> chen injurie[n] angefahre[n]. Wie ma[n] in den wald rufet, so kompt die antwort auch
> wieder herauß! (Judikatsprotokolle, Bd. XVI, 16ʳ)

Jede Zeugenvernehmung wird optisch durch einen neuen Absatz markiert. Der
Umfang der Zeugenvernehmungen variiert. Bei der schriftlichen Fixierung der
Zeugenaussagen (*Testes Pro Actrice/Testes Actoris* vs. *Testes pro Incamta/Incto*
betitelt) wurden zunächst die Angaben der Zeugen, die für die Klägerpartei aus-
sagten, festgehalten. Die Zeugenvernehmungen werden in der Reihenfolge ihres
Auftretens schriftlich erfasst. Der Gerichtsschreiber vermerkt dabei die obligatorischen Angaben zur Person und die lateinische Eidesformel *cit[atus] jur[atus]
exam[inatus] fassus [est]*, die bezeugt, dass der Zeuge vor Gericht berufen wurde,
den Eid abgelegt und ausgesagt hat:

> (4) Matthias Brändörffer Kirschner. Citat[us] Jur[atus] Exam[inatus] fassus. Ich kam
> einmahl Vngefähr des Morgens frühe zúm Procurator, so war ehr noch nicht aúffge-
> stande[n], so lag die húr auff der banck vör ihm. (Judikatsprotokolle, Bd. X, 57ᵛ–58ʳ)

Die Zeugenvernehmung fällt formelhaft aus. Nach der Befragung der Zeugen
folgt die Aussprache des Urteils im Schlussteil des Protokolls. Der Umfang des
Beschlusses variiert. Er wird optisch durch einen neuen Absatz markiert und
ist durch eine lateinisch-deutsche Mischsprache gekennzeichnet. Das Gerichts-
urteil, das durch den juristischen Fachbegriff *Deliberatum* ('das Beschlossene')
eingeleitet wird, fällt knapp und formelhaft aus:

(5) Es hatt ein Löbl. Judicathauß beÿ der Proposition, und Replic wie auch der verhörter
Zeigen, ersuchen, daß I. A. eine[n] Fermekator, und Strigojo de Kinne gescholten: Alß
er kännet Ein Löbl. Judicath, daß I. A. vor der gemeine allwo Er Ihn beleÿdiget umb Ver-
zeÿhung bitten, und [...] incurrire[n] solle. I. aberweilen Er den hundskopff geschonen,
dem Löbl. gericht die gebiehrende Straffe entrichten. (Judikatsprotokolle, Bd. XXXIII,
67^r-68^r)

3 Wiedergabe gerichtlicher Kommunikation

Wie der Vorgang des Protokollierens an den Gerichten Siebenbürgens abge-
laufen ist, kann nur rekonstruiert werden. Der Secretarius kann das Protokoll
zeitgleich zum Prozess verfasst haben oder nach der gerichtlichen Verhandlung
aufgrund von Notizen.[9]

Als eröffnende Textsequenz ist die Situierung syntaktisch komplex aufgebaut,
was vermuten lässt, dass diese Textsequenz schriftsprachlich konzipiert worden
ist. Durchgehend erscheinen in den Protokollen lateinische Bezeichnungen für
die Gegnerparteien – klagende Personen (*Actor, Actrix* bzw. *Attractus, Attracta*)
und beklagte Personen (*Inctus, Incta* bzw. *Inctam*), oft als *Act.* oder *A.* bzw. *Inct.*
oder *I.* abgekürzt –, die in der Situierung auch namentlich erwähnt werden.

Bei der Erfassung der Rechtssache werden in den Protokollen lateinische Ausdrücke wie z. B. *controversia* (‚Streitigkeit; Streitfall‘), *Injurien* (‚Ehrbeleidigun-
gen‘) oder *Criminal Sachen* (‚ein Verbrechen betreffend; kriminell‘) eingesetzt.
In den Zeugenaussagen werden die einzelnen Absätze oft durch *item* und die
Redebeiträge durch verba dicendi in formelhafter Ausprägung (z. B. *antwortete
undt sagt; redete vndt sprach; darauff er antwort umd sacht; so hat er zur antwort
gegeben; gab zur antwort*) eingeleitet. Für die Anrede werden die Formen 2. Person Singular (*du*)[10] und 2. Person Plural (*ir*) bzw. die Höflichkeitsform *Er/Sie* (3.
Person Singular) verwendet.

Bei der Darstellung der Aussagen wählen die Gerichtsschreiber oft die direkte
Rede als Form der Redewiedergabe, sodass die Aussagen aus der Sicht des

---

9   Zur Problematik der authentischen Wiedergabe gerichtlicher Verhöre und zur Erfor-
    schung des Verhältnisses zwischen Skripturalität/Oralität in binnendeutschen früh-
    neuzeitlichen Verhörprotokollen und in den Schäßburger Protokollen vgl. Hagenthurn,
    Endre: *...aufs fleißigste zu Papier zubringen. Zur Sprache von Hexerei-Prozessakten aus
    dem frühneuzeitlichen Schäßburg/Siebenbürgen.* Inaugural-Dissertation zur Erlangung
    des Doktorgrades der Philosophischen Fakultät der Westfälischen Wilhelms-Univer-
    sität zu Münster (Westf.). 2005, S. 58–158.
10 Die Anredeform *du* erscheint oft bei der Wiedergabe von Beleidigungen oder Ver-
    dächtigungen.

jeweiligen Sprechers erfasst werden: „A. leügne nicht daß Ichs geredet, daß Ich aber mit Schelm und diebe gescholten negiere Ich in totu." (Judikatsprotokolle, Bd. XXXIII, 96ʳ); „Es soll ein Lobliges Judicat wißen, daß […] dießer unsere Schwieger Mutter so hart geschmähet, Umdt an meiner ehre angegrieften […] zu unterschiedliges mahlen, das ich es multo modo dulden kann […]" (Judikatsprotokolle, Bd. VI, 12ʳ).

Die Zeugenaussagen werden in der Regel als kurze Aussagesätze formuliert. Sie sind stark mündlich geprägt, wobei Wörter und Wendungen des alltäglichen Lebens, darunter auch Schmäh- und Schimpfwörter, Entlehnungen und Mischformen aus dem Rumänischen oder Ungarischen vorkommen. Als „Schmäheworte" sind *Schelm* und *Zigeuner* (z. B. *ehrloß ziganner; ehrloser schelm*) bzw. die Kopplungen *ziganer Umd schelm, schelm vnnd zigan* (in unterschiedlichen Schreibvarianten) oft belegt. Unter den Schimpfwörtern weisen die dialektalen Formen für den Begriff „Hexe" (*Tridler, Trude, Truth, Trutt, trud/Trud/Trudt*) die größte Belegdichte auf. Bei der Redewiedergabe derber und vulgärer Ausdrucksweise bringt der Schreiber den lateinischen Ausdruck *salvavenia* (‚mit Erlaubnis, mit Verlaub [zu sagen]‘) verhüllend ein. *Salvavenia* ist ein Merkmal der Schriftlichkeit, das in der mündlich wiedergegebenen Originaläußerung der Zeugen nicht vorkommt. Wird der „böse Lebenswandel", die *hurerey* und *kupplerey*, in der Klage thematisiert, so wird dies in den Zeugenvernehmungen unverhüllt protokolliert, folglich ohne den vorangestellten Einschub *s[alva] v[enia]* wiedergegeben. Fallweise notieren die Gerichtsschreiber in Klammern Ergänzungen, Bemerkungen oder Zusatzinformationen von Prozessbeteiligten.

In der Schilderung der Geschehenseinzelheiten werden auch vergangene Dialogsequenzen eingeblendet, wobei direkte und indirekte Rede abwechseln. Die Schriftsprachlichkeit bewahrt – insbesondere in den Zeugenaussagen – Merkmale des regionspezifischen mündlichen Sprachgebrauchs und des siebenbürgisch-sächsischen Dialekts. Lexikalisch sind altromanische, rumänische und ungarische Lehnwörter auffällig, was durch den Einfluss der Diglossiesituation begründet ist.

In den eingesehenen Protokollen begegnen vorwiegend Lehnwörter aus dem Ungarischen (z. B. *Almesch* ‚Kauftrank‘ < ung. *áldomás*; *hattert* ‚Dorfmark‘ < ung. *határ*). Ausprägungen der siebenbürgisch-sächsischen Mündlichkeit sind bei Schimpfwörtern (*Zigaynern, Zigaynin*), Wortverschmelzungen (z. B. *fürchstu, suchestu*) oder bei dialektalen Wortformen (z. B. *Eydam, Sackelcher, Säcke, Thier/dirren, fiehlen, fiehren, spieren, anrieren*) auszumachen. Bei der wörtlichen Redewiedergabe werden Elemente der Mündlichkeit und dialektale Merkmale bewahrt, die auch auf Interferenz bei Zwei- und Mehrsprachigkeit (Deutsch, Rumänisch und Ungarisch) zurückgehen. Vgl. hierzu folgende

Zeugenaussage: „Anders weiß ich nitszú sage[n], kam ich mit dem Procúrator vo[n] der Aw […], so war des Süßler seine fraw aúch beÿ Vns aúff derselbige[n] wege[n], Sach ich das ehr Sie in den Armen nahm, Vnd *Matzet* Sie, Vnd sacht aúff walachesch *Dragalútze.*" (Judikatsprotokolle, Bd. X, 57ᵛ)[11]

4 Fazit

Das reiche Quellenmaterial aus dem Bestand des Hermannstädter Stadtarchivs erlaubt die diachrone Untersuchung des Sprachgebrauchs eines historischen Gebiets, das im Hinblick auf die Erforschung des Entwicklungsstandes des Deutschen als Überregional- und Amtssprache in Siebenbürgen bedeutsam ist.

Die Verschriftlichung der gerichtlichen Kommunikation bestätigt, dass bestimmte Texthandlungen für ausgewählte Textsorten nicht nur konstitutiv sind, sondern auch den standardisierten Textaufbau und den textfunktional begründeten Sprachstil determinieren. Zu den zeitspezifischen Auffälligkeiten des Sprachgebrauchs gehören nicht nur texttypische Formulierungsmuster und das Fachvokabular, sondern auch dialektal gefärbtes Wortmaterial, lateinisch-deutsche Mischformen und siebenbürgisch-sächsische Realienbezeichnungen.[12]

Die Gestaltung der Protokolle als Texte der Gerichtsbarkeit und der Urteilsfindung ist funktional geprägt. Die Textsortenspezifik und der Adressatenkreis determinieren das Vorkommen textsortentypischer Formulierungsverfahren und Textmuster, sonstiger lexikalischer Ausformungen, die in der zeitgebundenen institutionellen Schreibtradition begründet sind.

Die Protokolle dokumentieren eine frühneuzeitliche (juristische) Sprachwirklichkeit und Schriftlichkeit, die von regionalen und gerichtsspezifischen Besonderheiten mitbestimmt werden. Sie bezeugen darüber hinaus die Verankerung der Textsorte Protokoll in eine Schreib- und Protokollierungtradition.

Die Einheitlichkeit der Schriftkultur äußert sich bei den Prozessakten in der Textsortenausführung, in den sprachlichen Präferenzen für sich wiederholende

---

11 Hervorhebung von mir.
12 Z. B. *Arende* (‚Pacht; Verpachtung von öffentlichem Besitz; Pachtsumme'), *Poplak* (‚Pachtzins, den die Bewohner von Poplaka, einem rum. Dorf in der Umgebung von Hermannstadt, abgeben mussten') oder *Kolak/Kollak* (rum. *colac* ‚Geschenk in Naturalien'; ung. *kalák* ‚Angabe des Diebes'; in der Bedeutung: ‚Versicherungsbetrag gegen Diebstahl'). Vgl. hierzu Haldenwang, Sigrid: „In siebenbürgischen Urkunden und im Siebenbürgisch-Sächsischen belegte Lexeme, die sich auf festgelegte rechtliche Vereinbarungen und auf Pflichtleistungen beziehen, die einem bestimmten Zeitraum zuzuordnen sind". *Germanistische Beiträge* 35, 2014, S. 231–250.

(textfunktionale und texttypische) Formulierungsstrategien und in der Verschriftlichung des mündlich Mitgeteilten.

Die Prozessakten des Hermannstädter Judikats verweisen auf spezifische Verfahrensweisen der siebenbürgisch-sächsischen Gerichtsinstanzen in einer Epoche und belegen auch die Eigenständigkeit der frühneuhochdeutschen Schriftsprache im institutionellen Gebrauch in Siebenbürgen.

Literatur

Quellen

Kreisdienststelle Hermannstadt/Sibiu der Nationalen Archive Rumäniens. Archivbestand der Gerichtsbehörde der Stadt und des Stuhls Hermannstadt. Judikatsprotokolle, Bd. VI (1650–1651), IX (1654), X (1657–1659), XVI (1676), XXV (1690–1691), XXXIII (1696–1699).

Sekundärliteratur

Dogaru, Dana Janetta: „Akten der siebenbürgisch-sächsischen Nationsuniversität im 16. Jahrhundert. Zu Form und Inhalt". In: Moshövel, Andrea/Spáčilová, Libuše (Hrsg.): *Kanzleisprache – ein mehrdimensionales Phänomen. Tagungsband für Prof. PhDr. Zdeněk Masařík, DrSc., zum 80. Geburtstag.* (Beiträge zur Kanzleisprachenforschung 6). Praesens: Wien 2009, S. 131–148.

Dogaru, Dana Janetta: „Syntaktische Muster in siebenbürgischen Gerichtsprotokollen vom Ende des 17. Jahrhunderts". *Germanistische Beiträge* 28, 2011, S. 203–224.

Hagenthurn, Endre: *...aufs fleißigste zu Papier zubringen. Zur Sprache von Hexerei-Prozessakten aus dem frühneuzeitlichen Schäßburg/Siebenbürgen.* Inaugural-Dissertation zur Erlangung des Doktorgrades der Philosophischen Fakultät der Westfälischen Wilhelms-Universität zu Münster (Westf.). 2005.

Haldenwang, Sigrid: „In siebenbürgischen Urkunden und im Siebenbürgisch-Sächsischen belegte Lexeme, die sich auf festgelegte rechtliche Vereinbarungen und auf Pflichtleistungen beziehen, die einem bestimmten Zeitraum zuzuordnen sind". *Germanistische Beiträge* 35, 2014, S. 231–250.

Laufs, Adolf: „Einführung". In: Arbeitskreis für Siebenbürgische Landeskunde (Hrsg.): *Das Eigen-Landrecht der Siebenbürger Sachsen. Unveränderte Wiedergabe des Erstdrucks von 1583.* Hans Meschendörfer: München 1973, S. V–XX.

Ratcu, Ileana-Maria: *Deutschsprachige Urkunden aus Siebenbürgen (15.–19. Jh.). Urkundensprache – Paläographie – Handschriftenkunde.* Akademikerverlag: Saarbrücken 2013.

Ileana-Maria Ratcu

Die siebenbürgischen Teilungsprotokolle aus dem 16. Jahrhundert. Die Wortfamilie von *Teil* in den Bistritzer Teilungsprotokollen (*Teilbriefen*)

Abstract: The present paper deals with a special text type of the Transylvanian documents, "the division protocols" (Teilungsprotokolle), which are named in the original texts as *Teilbriefe*. Important institutions of the Transylvanian Saxons, *Teilherren* and *Teilungsamt*, have issued these documents. The present contribution is intended to provide a general presentation of these documents and to compare the division protocols from Bistriṭa, Sibiu and Braşov. Another purpose of the present paper is the analysis of the terms *Teilherr*, *Teilbrief*, *Teilung*, *Teilchen*, which appear in the mentioned documents. Very interesting are the terms *Teilherr* and *Teilbrief*, which were influenced by Latin.

Keywords: division protocols, early modern German, diachrony, Transylvania

1 Die siebenbürgisch-sächsische Überlieferung

Ab dem 15. Jahrhundert wurde die deutsche Sprache neben Latein eine der Urkundensprachen in Siebenbürgen. Die Koexistenz beider Urkundensprachen hat eine jahrhundertelange Dauer, wobei die deutsche Sprache zuerst für die einfachen Geschäfts-, Verkaufsbriefe, Zunftbücher und -urkunden usw. benutzt wurde. Später kommt sie auch als Urkundensprache in umfassenderen und feierlichen Urkunden wie Frei-, Lehn- oder Adelsbriefen vor, bis das Lateinische allmählich zugunsten der deutschen Sprache aufgegeben wird. Jedoch werden sogar im 19. Jahrhundert vereinzelt lateinische Urkunden in Siebenbürgen ausgestellt. Abgesehen von der Urkundensprache wird die vielfältige schriftliche Überlieferung der Siebenbürger Sachsen durch mehrere Textsorten vertreten: Briefe, Pfandbriefe, Kaufbriefe, Freibriefe, Geleitbriefe, Protokolle, Teilungsprotokolle, Verträge, Eheverträge, Testamente, Bittschriften, Zeugnisse, Berichte u. a. m.[1]

---

1 Ratcu, Ileana-Maria: Der lateinische Einfluss auf die deutschsprachigen Urkunden in Siebenbürgen (15.–17. Jh.). In: Hünecke, Rainer/Aehnelt, Sandra (Hrsg.): *Kanzlei und Sprachkultur*. Praesens Verlag: Wien 2016, S. 218–219.

2 Die siebenbürgischen Teilungsprotokolle (*Teilbriefe*)

Eine bereits erwähnte Kategorie bezieht sich auf die Teilungsprotokolle, Dokumente, die den *Testamenten* einigermaßen ähnlich sind und mit denen sie oft in Verbindung stehen. Sie umfassen *Verzeichnisse der Vermögensgegenstände*, sodass man aufgrund dieser Urkunden eine umfangreiche Liste von wichtigen und nützlichen Gegenständen aus dem späten Mittelalter und der frühen Neuzeit aufstellen kann.

Die Teilungsprotokolle bezeugen, wie das Vermögen zwischen Kindern oder zwischen Witwe bzw. Witwer und Kindern aufgeteilt wurde. Es ist durchaus interessant, dass auch Stiefkinder berücksichtigt wurden, wobei sie ihr Erbteil mütterlicherseits bzw. väterlicherseits bekamen. Darüber hinaus ist es aufschlussreich, dass sowohl die beweglichen als auch die unbeweglichen Güter in diesen *Teilbriefen* aufgezählt werden. Außer Häusern, Äckern, Weingärten, Baumgärten, Wiesen, Schmuck und Geld werden auch andere Gegenstände erwähnt, die heutzutage gewöhnlich nicht mehr als Erbstücke gelten.

Als Schmuck werden goldene und silberne Ringe, unterschiedliche typisch siebenbürgische Schmuckstücke wie *Heftel, Borten*, silberne Becher und Löffel beschrieben. Andere aufgezählte Kategorien von Gegenständen sind: Betten, „Leinengerät" oder „Leinrat", d. h. Leinengewebe, Bettwäsche; dann Zinngefäße, eisernes Gerät, Hausrat, Möbelstücke, Kleidung u. a. m. Zu diesen beweglichen Gütern zählen auch die Küchenutensilien, die eine nicht übersehbare Stellung besitzen.

Im Rahmen des Projektes „Digitizarea documentelor medievale din Arhivele Naționale ale României", das an der Universität Bukarest in Zusammenarbeit mit der Babeș-Bolyai-Universität Klausenburg[2] und dem Nationalarchiv Rumäniens mit der Unterstützung des Norwegischen Archivs durchgeführt wurde und als Hauptthema die Untersuchung der mittelalterlichen Urkunden aus den rumänischen Archiven bis zum 16. Jahrhundert und die Erstellung einer zugänglichen Datenbank hatte[3], wurde ich hauptsächlich mit der Bearbeitung von Teilungsprotokollen bis 1600 beauftragt. Somit hatte ich Zugang zu den Bistritzer, Hermannstädter und Kronstädter Teilungsprotokollen.

Wenn man einen groben Vergleich zwischen den erwähnten Protokollen anstellt, die aus der gleichen Zeitspanne stammen, dann kann man leicht

---

2   Rum. Cluj.
3   Vgl. http://www.fonduri-patrimoniu.ro/proiecte_doc_97_digitizarea-documentelor-medievale-din-arhivele-nationale-ale-romaniei-universitatea-din-bucureti_pg_0. htm., abgerufen am 26.09.2017.

feststellen, dass die Bistritzer und die Kronstädter Urkunden viele Gemeinsamkeiten haben und sehr detailliert sind und dass die aus Hermannstadt sich eher auf die Häuser und selten auf die Landgüter beziehen. Die anderen Gegenstände werden in den Hermannstädter Teilungsprotokollen nicht erwähnt.

Der Bistritzer Archivbestand, zu dem ich Zugang hatte, umfasst Urkunden aus dem 16. und 17. Jahrhundert (1573–1602), die in fünf heute in Klausenburg aufbewahrten Bänden oder Registern überliefert werden.[4] Der Bistritzer Archivbestand ist viel umfangreicher, denn die Aufzeichnungen reichen bis ins 19. Jahrhundert (1802).[5] Die Hermannstädter[6] bzw. die Kronstädter[7] Protokolle werden in ihren Ausstellungsorten aufbewahrt.

Diese Urkunden wurden von den Historikern, Ethnologen und Forschern der siebenbürgischen Geschichte und Kultur in kleinerem Ausmaß untersucht. Noch weniger ist diese Textsorte den Philologen bekannt. Die reiche Fülle an sprachlichen Erscheinungen, der reiche Wortschatz, die Bezeichnungen von Gegenständen aus dem späten Mittelalter sprechen für die Notwendigkeit einer eingehenden Recherche. Durch ihre Struktur stellen sie den Forschern eine große Anzahl von Belegen zur Verfügung, die wichtig für die siebenbürgische Onomastik sind. Anhand dieser Belege kann man die Entwicklung der Anthroponyme (der siebenbürgisch-sächsischen Vor- und Familiennamen) und der Toponyme untersuchen, wobei außer den Ortsnamen auch die Hydronyme und oft auch die Berg- oder Hügelnamen belegt sind.

3 Die Wortfamilie von *Teil* in den Bistritzer Teilungsprotokollen

Ein Ausgangspunkt sind die Termini, die diese Kategorie von Urkunden im 16. Jahrhundert bezeichneten. Der Terminus *Teilungsprotokoll* ist eigentlich eher eine moderne Bezeichnung. Der benutzte Terminus war im 16. Jahrhundert *Teilbrief*, der aber heutzutage nicht mehr deutlich ist. Die Teilbriefe wurden

---

4   Kreisdirektion des Nationalarchivs Klausenburg/Cluj, Bestand Rathaus der Stadt Bistritz/Bistriţa, IIId, Teilbriefe (Protocoale de împărţire), Bd. 1 (1573–1576), Bd. 2 (1575–1579), Bd. 3 (1586–1598), Bd. 4 (1592–1598), Bd. 5 (1599–1602).

5   Vgl. Vlaşin, Florin: „Preocupări privind arhivele în zona Bistriţei până în 1918". *Revista Bistriţei* XXIV, 2010, S. 420.

6   Kreisdirektion des Nationalarchivs Hermannstadt/Sibiu, Bestand Rathaus der Stadt und des Stuhls Hermannstadt, Teilungsprotokolle, Bd. 2.

7   Kreisdirektion des Nationalarchivs Kronstadt/Braşov, Bestand Rathaus der Stadt Kronstadt, Divizorat, Concepte, 16.

von *Teilherren* verfasst, die Mitglieder des Stadtrates in Bistritz bzw. Hermannstadt oder Kronstadt waren. „Die Teilherren waren jene Geschworenen, denen
besonders die Durchführung der Erbschaftsgelegenheiten, Verlassenschaften
und dergl. oblag."[8] Als der Stadtverwaltung (dem Magistrat) untergeordnete
Einrichtung fungierte das Teilungsamt oder das Divisorat, das die Tätigkeit der
Teilherren leitete. Die lateinische Herkunft des Terminus *Divisorat* ist eindeutig
festzustellen.

Im *Duden-Wörterbuch* existiert kein Eintrag zum Nomen *Teilbrief*. Da *Tei-
lungsurkunde* oder *Teilungsprotokoll* zu den nicht sehr oft verwendeten Fachter-
mini gehören, erscheinen sie auch nicht als Wörterbucheinträge. Im *Grimmschen
Wörterbuch* (DWB) kommt das mask. Nomen „Theilbrief" mit der Eintrags-
information „theilungsurkunde" (1393) vor.[9] Die lateinische Bezeichnung für
diesen Terminus ist *litterae divisionales*[10], sodass man behaupten kann, dass der
Terminus *Teilbrief* eigentlich eine Lehnübersetzung ist. Infolge der geringen
Beschäftigungen mit den Teilungsprotokollen ist die rumänische Terminologie
nicht einheitlich. Termini wie *scrisoare de împărțeală, scrisoare de împărțire, scrisoare divizorală, scrisoare de partaj*[11] werden abwechselnd benutzt.

Es ist leicht zu vermuten, dass auch der Terminus *Teilherr* im *Duden-Wörterbuch* nicht belegt ist. Statt *Teilherr* findet man im *Grimmschen Wörterbuch* der
Terminus „Theilmeister" mit der Bedeutung „*verwalter oder vertheiler öffentlicher
almosen*" und dem Verweis auf den Eintrag „Theilfrau"[12], was stärker bezeugt,
dass die Termini nur teilverwandt sind. Besser würde ein anderer Eintrag aus
dem *Grimmschen Wörterbuch* passen, und zwar „Theilrichter" mit der Eintrags-
information „*im herzogthum Wirtenberg vier oder fünf richter über der waisen
sache*"[13], der aber in den siebenbürgischen Urkunden nicht verwendet wird.

---

8   Vgl. Kaindl, Raimund: *Geschichte der Deutschen in den Karpathenländern. Geschichte
     der Deutschen in Ungarn und Siebenbürgen bis 1763.* Perthes: Gotha 1907, S. 292.
9   DWB, URL: http://woerterbuchnetz.de/DWB?sigle=DWB&mode=Vernetzung&le-
     mid=GT03269=GT03269# XGT03269, abgerufen am 26.09.2017.
10   Vgl. *Glosar de termeni și expresii din documentele latine privind istoria medie a Româ-
     niei*, Institutul de Istorie Cluj, o.J., S. 106.
11   Iacob, Dan Dumitru: *Avere, prestigiu și cultură materială în surse patrimoniale. Inven-
     tare de avere din secolele XVI–XIX.* Editura Universității „Alexandru Ioan Cuza": Iași
     2015, S. 13.
12   DWB, URL: http://woerterbuchnetz.de/DWB/?sigle=DWB&mode=Vernetzung&le-
     mid=GT03303, abgerufen am 26.09.2017.
13   DWB, URL: http://woerterbuchnetz.de/DWB/?sigle=DWB&mode=Vernetzung&le-
     mid=GT03318, abgerufen am 26.09.2017.

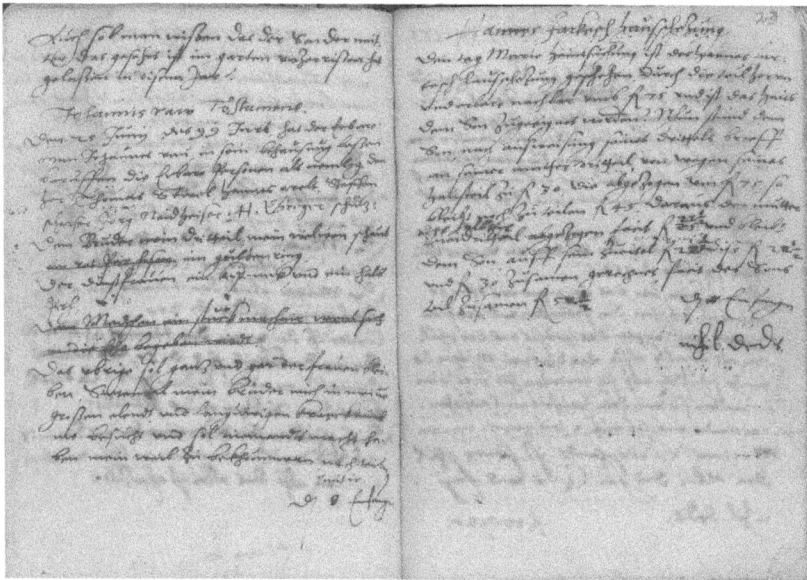

Abb. 1: Hannes Farkesch Hausschezung

Interessant sind der Begriff *Teilchen*, der in den Bistritzer Urkunden ‚Erbteil‘ bedeutete, und die Nomen „Dritheil" und „Zweitheil", die die Erbteile mütterlicherseits bzw. väterlicherseits darstellten. Die Formeitheil" kommt auch im *Grimmschen Wörterbuch* vor, wobei das mhd. *zweiteil*[14] durch *Hälfte* verdrängt wurde.

Durch die Bearbeitung der siebenbürgisch-sächsischen Teilungsprotokolle konnte man feststellen, dass die Wortfamilie von *Teil* gut vertreten ist. Die Derivate *Teilung, Teilchen*, die Komposita *Teilbrief, Teilherr, Dreiteil* und *Zweiteil* sowie das Verb *teilen* werden oft in den untersuchten Urkunden verwendet.

Als Beispiel für eine solche Textsorte und für die Wortfamilie von *Teil* habe ich eine kurze Urkunde ausgewählt (s. Abb. 1), die einige der besprochenen Spracherscheinungen veranschaulichen kann:

Hannes Farkesch Hausschezung

Den Tag Marie Heimsuchung ist des Hannes Farkesch Hausschezung geschehen durch die teilherrn und erbare nachbar um f(lorin) 75 vnd ist das haus dem Son zugeeignet

---

14 DWB, URL: http://woerterbuchnetz.de/cgi-bin/WBNetz/wbgui_py?sigle=DWB&mode=Vernetzung&lemid=GZ12975#XGZ12975, abgerufen am 26.09.2017.

worden. Nhun sind dem Son, nach ausweisung seines drittels brieff an seiner mutter dritheil von wegen seines Hausteil zu f(lorin) 30 die abgezogen von f(lorin) 75, so bleibt noch zu teilen f(lorin) 45. Daraus der mutter zuei dritheil abgezogen facit f(lorin) 22 ½. Diese f(lorin) 22 ½ vnd f(lorin) 30 zusamen gerechnet, facit des Sons teil zusamen f(lorin) 52 ½.[15]

4 Schlussfolgerungen

Die Textsorte der Teilungsprotokolle oder Teilbriefe stellt eine interessante Herausforderung sowohl für die Sprachwissenschaftler als auch für die Historiker, Ethnographen und andere Forscher dar. Das erste Hindernis stellt die Handschrift dar, denn die Urkunden wurden noch nicht veröffentlicht. Ein Grund dafür ist auch ihre große Anzahl. Ein weiteres Problem sind die Termini und die Ausdrücke, die einem Laien Schwierigkeiten bereiten können (z. B. *Hattert* > ung. *határ* ‚Gemarkung', ‚Weichbild'), sowie die Urkundensprache des 16. Jahrhunderts im Allgemeinen und ihre dialektale Färbung.

Literatur

Quellen

Kreisdirektion des Nationalarchivs Klausenburg/Cluj, Bestand Rathaus der Stadt Bistritz/Bistriţa, IIId, Teilbriefe (Protocoale de împărţire), Bd. 1 (1573–1576), Bd. 2 (1575–1579), Bd. 3 (1586–1598), Bd. 4 (1592–1598), Bd. 5 (1599–1602).
Kreisdirektion des Nationalarchivs Hermannstadt/Sibiu, Bestand Rathaus der Stadt und des Stuhls Hermannstadt, Teilungsprotokolle, Bd. 2.
Kreisdirektion des Nationalarchivs Kronstadt/Braşov, Bestand Rathaus der Stadt Kronstadt, Divizorat, Concepte, 16.

Sekundärliteratur

Drosdowski, Günther (Hrsg.): *Duden. Deutsches Universalwörterbuch*, 3. Auflage. Dudenverlag: Mannheim et.al. 1996.
Glosar de termeni şi expresii din documentele latine privind istoria medie a României, Institutul de Istorie Cluj, o. J.

---

15 Kreisdirektion des Nationalarchivs Klausenburg/Cluj, Bestand Rathaus der Stadt Bistritz/Bistriţa, IIId, Teilbriefe (Protocoale de împărţire), Bd. 5 (1599–1602), Bl. 23r; (arhivamedievala.ro).

Iacob, Dan Dumitru: *Avere, prestigiu și cultură materială în surse patrimoniale. Inventare de avere din secolele XVI–XIX.* Editura Universității „Alexandru Ioan Cuza": Iași 2015.

Kaindl, Raimund: *Geschichte der Deutschen in den Karpathenländern. Geschichte der Deutschen in Ungarn und Siebenbürgen bis 1763.* Perthes: Gotha 1907.

Ratcu, Ileana-Maria: *Der lateinische Einfluss auf die deutschsprachigen Urkunden in Siebenbürgen (15.–17. Jh.).* In: Hünecke, Rainer/Aehnelt, Sandra (Hrsg.): *Kanzlei und Sprachkultur.* Praesens Verlag: Wien 2016, S. 217–224.

Vlașin, Florin: „Preocupări privind arhivele în zona Bistriței până în 1918". *Revista Bistriței* XXIV, 2010, S. 417–422.

Internetquellen

Grimm, Jacob/Grimm, Wilhelm: Deutsches Wörterbuch (Abkürzung DWB). URL: http://woerterbuchnetz.de/cgi-bin/WBNetz/wbgui_py?sigle=DWB& mode=Vernetzung &lemid=GK02421#XGK02421, abgerufen am 26.09.2017.

Anna Just

Zum slawischen Einfluss auf die deutsche Sprache in Niederschlesien anhand von Vokabularen und Sprachlehrwerken aus dem 17. Jahrhundert

Abstract: This paper aims to describe the influence of the Polish language (and at times the Czech language) on German in the region of Lower Silesia during the 1600s. It is not an exhaustive study of the issue in question – it rather presents a general picture of the inevitable results of linguistic contacts between German and the Slavic languages occuring on the territory of Lower Silesia. These contacts lasted for many centuries and their consequences are visible, primarily, in the vocabulary. For the sake of this study, a selection of the 17th-century lexicons and textbooks for learning Polish and/or German, printed in Lower Silesian cities, were used as a research material.

Keywords: early modern German, Polish – German linguistic contact, Lower Silesia

Im Fokus des Beitrags steht die Frage nach dem Einfluss der polnischen (und eventuell der tschechischen) Sprache auf das Deutsche in Niederschlesien im 17. Jahrhundert. Die Ausführungen erheben keinen Anspruch auf Vollständigkeit, geben aber zumindest einen Einblick in denkbare und mitunter unvermeidliche Folgen dauerhafter Kontakte des Deutschen und des Polnischen, die sich auch heute im Vokabular beider Sprachen oder zumindest im Sprachbesitz eines Individuums und dessen sprachlicher Verhaltensweise widerspiegeln. Vorausgeschickt sei auch, dass die nachfolgenden Ausführungen nur einen Ausschnitt aus den umfangreich überlieferten und in Niederschlesien gedruckten deutsch-polnischen Vokabularen und Sprachlehrwerken als Grundlage haben. In einem ethnisch gemischten Grenzgebiet wie Niederschlesien entstehen nämlich beginnend mit dem 16. Jahrhundert die ersten deutsch-polnischen Sprachlehrbücher und Vokabulare. Den nachfolgenden Ausführungen liegen davon lediglich drei Sprachlehrwerke zugrunde. Es gilt im Weiteren zu zeigen, inwiefern sich die Koexistenz der deutschen und der polnischen Sprache im gemeinsamen Raum in der Sprache der Autoren der Sprachlehrwerke und Vokabulare widerspiegelt, wobei das Hauptaugenmerk hier auf den slawischen Einfluss auf das Deutsche gerichtet werden soll. Als Einleitung und Hintergrund werden zunächst einige Aspekte des kulturgeschichtlichen Hintergrunds des Textkorpus erörtert.

1 Zur Geschichte der deutsch-polnischen Sprachlehrwerke

Die Geschichte der deutsch-polnischen/polnisch-deutschen Vokabulare und Sprachlehrbücher reicht in das frühe 16. Jahrhundert zurück. Deutsch-polnische Sprachkontakte sind jedoch wesentlich älter und reichen in das 10. Jahrhundert zurück, als die ersten Deutschen – vor allem deutsche Ehefrauen der polnischen *Piasten*-Fürsten mit ihrem Gefolge, Geistliche und Ordensbrüder – nach Schlesien gekommen sind. Aber erst das Hochmittelalter brachte eine bedeutsame Intensivierung der deutsch-polnischen Sprachkontakte, insbesondere aufgrund des expandierenden Fernhandels (über Polen führten wichtige Handelswege nach Osten), des Ausbaus von kirchlichen Strukturen in Polen mithilfe deutscher Kleriker und schließlich der gegen Ende der althochdeutschen Zeit einsetzenden deutschen Ostkolonisation. Die intensive Phase der deutschen ethnisch-sprachlichen Expansion in polnische bzw. slawische Gebiete hört dann im Laufe des 15. Jahrhunderts allmählich auf und in der Frühen Neuzeit nehmen die ethnisch-sprachlichen Grenzen und Übergangszonen in Schlesien (wie auch im übrigen Europa) endlich Konturen an. Relativ früh erwies sich für die Polen die Kenntnis des Deutschen und für die Deutschen die Kenntnis des Polnischen als unumgänglich für eine reibungslose Koexistenz beider ethnischen Gemeinschaften in sprachlich und ethnisch gemischten Regionen wie beispielsweise Niederschlesien und Pommern. Anfänglich wurden Deutsch- bzw. Polnischkenntnisse völlig ungezwungen im Zuge natürlicher kommunikativer Handlungen erworben. Eine Erleichterung und zugleich Verbesserung der anfangs mühseligen Verständigung verschafften sicherlich die beginnend mit dem 16. Jahrhundert erscheinenden Vokabulare und Sprachlehrbücher. Ursprünglich von Ausländern geschrieben – als Antwort auf einen wachsenden Bedarf von in Polen sesshaften oder nach Polen reisenden Deutschen – dienten sie dem Erwerb des Polnischen als Fremdsprache und – dem Anliegen ihrer Autoren gemäß – auch dem Erwerb des Deutschen. Die Autoren der alten Sprachlehrbücher – gebürtige Deutsche – haben die Zweckmäßigkeit der Kenntnis beider Sprachen erkannt und im Vorwort zu ihren Werken für den Erwerb des Polnischen und/oder des Deutschen plädiert – wie beispielsweise Michael Kuschius, Pfarrer und Prediger in Breslau:

> wie gutt/wie nützlich/wie nothwendig/wie bequem jhnen [Jungen und Mädchen – A. J.] die Polnifche Sprache neben der Deutfchen fey/fonderlich hier zu Breßlaw/darumb weil wir mit Pohlen Gräntzen/vnd mit jhnen täglich/vnd fie mit unß zuthun haben/alß jhren Nechften/Liebften Nachbaren/ja alß Brüdern/die vnfer/vnd wir jhrer im Handel/Wandel/im Kauffen vnd Verkauffen/wenig entberen können.[1]

---

1   Kuschius, Michael: *Wegweifer zur Polnifchen vnd Deutfchen Sprache.* Breslau 1646, Vorwort unpaginiert.

Im 16. und auch noch im 17. Jahrhundert folgen die Grammatik- und Sprachlehrbücher der Tendenz, alle Bausteine eines Sprachkurses, nämlich *Gesprächsübungen*,
Wörterbuch und *Grammatik*, in einem Buch zu einem Ganzen zusammenzufügen.
In der Praxis führte dies dazu, dass in den Grammatik- und Sprachlehrbüchern
immer nur einer dieser Teile zuungunsten der anderen dominant war. Erst nach
dem Ende des Dreißigjährigen Krieges kam es diesbezüglich – wenigstens in Schlesien – zu einem markanten Umbruch in der Sprachlehrbüchertradition. In der
zweiten Hälfte des 17. Jahrhunderts setzte sich immer mehr die Tendenz durch, die
einzelnen Bausteine eines Sprachkurses getrennt voneinander zu behandeln und
als jeweils separates Werk herauszugeben. Dass der Erwerb der polnischen Sprache
wirklich eine unvermeidliche Notwendigkeit für viele Deutsche war, bezeugt auch
die Anzahl der seit dem 16. Jahrhundert kursierenden deutsch-polnischen Sprachlehrbücher. Im Laufe des 16. Jahrhunderts sind insgesamt 29 Sprachbücher erschienen, darunter Vokabulare, Gesprächsbücher, Wörterlisten und Grammatikbücher.
Im kriegerischen 17. Jahrhundert kommen neue Sprachbücher heraus und allein
deren Zahl beläuft sich auf weitere 54 Titel. Bis in die 70er-Jahre des 18. Jahrhunderts sind in Pommern über 100 deutschsprachige Sprachbücher der polnischen
Sprache erschienen, nicht viel weniger auch in Schlesien. Nach diesem knappen
Überblick über eine durchaus lange Tradition der deutschsprachigen Lehrbücher
für Polnisch gilt es im Weiteren anhand ausgewählter Werke zu zeigen, inwiefern
sich die Koexistenz des Deutschen und des Polnischen im Wortschatz beider Sprachen widerspiegelt, wobei hier lediglich der slawische Einfluss auf das Deutsche
thematisiert wird.

2 Zum Textkorpus

Das Textkorpus setzt sich aus drei deutsch-polnischen Sprachlehrwerken zusammen, die teils in der älteren Sprachlehrbüchertradition verankert sind, teils der
neueren Tendenz folgen. Im Einzelnen handelt es sich hier um ein Werk von
Michael Kuschius, und zwar *Wegweiser zur Polnischen und Teutschen Sprache*
(1646) und zwei Werke von Jan Ernesti, und zwar *Förderer der Polnischen Sprache* (1674) und *Polnisches Hand = Büchlein* (1689). Beide Verfasser sind gebürtige Deutsche[2], die durch ihre Tätigkeit als Lehrer, Übersetzer oder Prediger

---

2   Allerdings muss angemerkt werden, dass die Herkunft von Michael Kuschius nicht
    eindeutig klar ist. Über seine Herkunft und seine Kindheit ist wenig bekannt und die
    Gegend (Niederschlesien), in der er zur Welt kam, war spätestens seit dem Hochmittel-
    alter ethnisch gemischt und zweisprachig.

einen Bezug zum Polnischen als Fremdsprache und Unterrichtsfach hatten. Ihre
Werke kamen in niederschlesischen Städten (Breslau und Schweidnitz) heraus.
Der *Wegweiser zur Polnischen und Teutschen Sprache* ist noch der älteren
Sprachlehrbüchertradition verpflichtet, allerdings nicht gänzlich, weil das Werk
nur zwei Teile eines Sprachkurses in sich vereint. Es gliedert sich nämlich in einen
213 Seiten umfassenden Wörterbuchteil und einen lediglich knapp 18 Seiten
umfassenden grammatischen Teil, dem noch eine Seite mit polnischen Bezeichnungen für kirchliche Feiertage, Jahreszeiten, Mondphasen und Monate samt
deren deutschen und lateinischen Äquivalenten folgt. Aufbau und Inhalte des
Werkes sind gänzlich der Lernmethode verpflichtet, deren überzeugter Anhän-
ger Kuschius war. Denn seiner Meinung nach sollte man vor allem Vokabeln lernen und diese eigne man sich eben dadurch an, dass man in einem Wörterbuch
blättert. Daher übertrifft der Umfang des Wörterbuchteils in seinem *Wegweiser*
den grammatischen Teil erheblich, in dem lediglich Deklinations- und Konjuga-
tionsmuster folgen. Wie bereits angedeutet, war Kuschius als Pfarrer und Prediger im niederschlesischen Breslau tätig. Darüber hinaus leitete er die Polnische
St. Christophori-Schule in Breslau. Der *Wegweiser zur Polnischen und Teutschen
Sprache* ist zwar das einzige Werk von Kuschius, dafür aber bahnbrechend für
die schlesische Lexikographie, denn es ist das erste in Schlesien herausgegebene
Wörterbuch mit einer alphabetischen Anordnung der Lemmata.

Auch Ernestis *Förderer der Polnischen Sprache* hängt der älteren Sprachlehrbüchertradition an, wenn auch ebenfalls nicht ganz, weil das Werk lediglich
zwei Bestandteile eines Sprachkurses umfasst, nämlich ein Wörterbuch (149
zweispaltige Seiten) und Gespräche (66 zweispaltige Seiten).[3] Interessanterweise
handelt es sich bei dem Wörterbuchteil um ein rückläufiges Wörterbuch. Die
alphabetische Ordnung richtet sich hier also nach den Endbuchstaben der Wörter, danach kommen die vorletzten usw. Benutzerfreundlich war das Wörterbuch sicherlich nicht. Zur Illustration der rückwärts gerichteten alphabetischen
Anordnung folgt ein Fragment aus diesem Wörterbuch:

Brud / der Schmiutz Un=
    fauberkeit am Leibe
Trud / die groffe Mühe
Graf / der Graff
Cyrograf / die Handfchrifft
Filozof / der Weltweife
Karćiof / eine Arrifchock

---

3 Frączek, Agnieszka: *Słowniki polsko-niemieckie i niemiecko-polskie z przełomu XVII i
XVIII wieku. Analiza leksykograficzna.* Warszawa 2014, S. 14.

Czáprag / eine geſtickte Deﬆ
   cke hinter dem Sattel
Szpárag / Spargel
Poſag / die Morgengabe

Das andere Werk von Jan Ernesti – *Polnisches Hand = Büchlein* – folgt der neueren Tendenz in der Sprachlehrbüchertradition. Es ist nämlich nur ein Wörterbuch. Es handelt sich dabei um ein alphabetisch angeordnetes Wörterbuch, genauer gesagt um ein Wörterbuch mit einer abwechselnd nest-, nischen- und glattalphabetischen Anordnung.[4] Zur Illustration auch hier ein Ausschnitt aus diesem Wörterbuch (Spalte 1430):

Trog iſr verfaulet / Koryto
   zgniło, (zgniłe,)
Trompet / Trąbá; **Trom**ﬆ
   peter / Trębacz; **trompe**ﬆ
   ten / potrębować, trąbić.
Trop / Połek, Orſzak, Rotá.
Tropffe / Kroplá; ein **Tröpf**ﬆ
   lein Brandtewein / Kropel**ﬆ**
   ká Gorzałki; **Tropffen**ﬆ
   weiſe eintröppfen / Kroplá**ﬆ**
   mi, kápkámi, po kápce
   w krapiáć kropić.

Die einzelnen Hauptlemmata weisen eine glattalphabetische Anordnung auf: *Trog, Trompet, Trop, Tropffe*. Die Hauptlemmata *Trompet* und *Tropffe* bilden aber Nischen. Das in der *Tropffe*-Nische stehende Kompositum *tropffenweiſe* wurde zwar als Sublemma vom Hauptlemma nicht abgesetzt, aber das nächstfolgende Hauptlemma lautet *Troſt* = *Wort*, so dass die alphabetische Anordnung der Hauptlemmata nicht durchbrochen wurde.

   Ernestis Muttersprache war Deutsch, Polnisch hat er erst im erwachsenen Alter erlernt. Sein Leben lang war er hauptsächlich in Niederschlesien als Lehrer tätig.

---

4   Nestalphabetisch heißt, dass Wörter aus verschiedenen Wortfamilien zu einem „Nest" zusammengefasst werden. Die Anordnung der Komposita als Sublemmata erfolgt unter dem Hauptlemma, wobei die alphabetische Reihenfolge durchbrochen werden kann. Nischenalphabetisch bedeutet dagegen, dass in einer „Nische" Lemmata gruppiert werden, ohne die alphabetische Reihenfolge zu durchbrechen. Die Anordnung erfolgt zunächst alphabetisch, und wenn es zu einem Stichwort Komposita gibt, erscheinen diese als Sublemmata, abgesetzt vom Hauptlemma.

3 Slawismen bei Michael Kuschius und Jan Ernesti

Wie bereits angedeutet, war Deutsch die Primärsprache beider Autoren, aber beide hatten auch ihr Leben lang Kontakt mit polnischen Muttersprachlern und schließlich mit der polnischen Sprache, die sie letztendlich auch erlernt hatten. Es ist kaum möglich, dass eine jahrhundertelange Koexistenz zweier Sprachen keinerlei Spuren in der einen oder der anderen Sprache hinterlässt. Es ist ebenfalls kaum möglich, dass eine zweisprachige Umgebung die individuelle Sprache eines einzelnen Menschen unbeeinflusst lässt. Dass im Lexikon der polnischen Sprache gestern wie heute zahlreiche Wörter deutscher Herkunft vorkommen, ist eine offensichtliche Tatsache, die nicht weiter erörtert werden muss. Es ist jedoch interessant, in den Wortschatz der deutschen Sprache der hier herangezogenen Wörterbücher tiefer hineinzublicken und nach möglichen slawischen Einflüssen zu suchen. Diese können jedoch zweifacher Natur sein, und zwar entweder lediglich für den Idiolekt des Autors charakteristisch sein oder auch zum gemeinsprachlichen Wortgut gehören. Wie es scheint, dokumentieren die analysierten Wörterbücher beides. Verglichen mit Germanismen in der polnischen Sprache sind jedoch Slawismen in der deutschen Sprache beider Autoren recht selten.

Unter den in den analysierten Wörterbüchern ermittelten sprachlichen Einheiten slawischen Ursprungs gibt es natürlich auch solche, die bis heute im Deutschen geläufig und gebräuchlich sind, allerdings ist ihre Verbreitung mitunter regional begrenzt. Hierzu gehören:

> (1) **die Baude** (poln. *buda*) – ein Lehnwort aus dem tschech. *bouda* < mhd. *Buode*
> bei Ernesti: **Budá/die Baude**

Das Wort *Baude* ist heute im Ostmitteldeutschen verbreitet und bedeutet eine ‚abgelegene Hütte im Gebirge' oder auch einen ‚Berggasthof'.

> (2) **die Grenze** (poln. *granica*) – entlehnt aus slaw. *granica* (tschech. *hranice*)
> bei Ernesti: **Gránicá/die Gräntze**

Eichler zufolge

> soll [das Wort] von den Kreuzrittern im 13. Jh. im deutsch-polnischen Berührungsraum übernommen und dann durch die Lutherbibel verallgemeinert worden sein. Das Wort konnte natürlich auch in anderen Zonen übernommen werden, etwa aus dem Altsorbischen und Alttschechischen. Im 13. Jh. wird es im Gebiet des Deutschen Ordens erwähnt (mhd. *granizze* Thorn, spätmhd. *grenize, greniz* Lexer I 1079).[5]

---

5   Eichler, Ernst: *Etymologisches Wörterbuch der slawischen Elemente im Ostmitteldeutschen*. VEB Domowina-Verlag: Bautzen 1965, S. 42.

Das Wort *Grenze* hat im Deutschen fungierende, andere Grenzbezeichnungen etwa *Rain, Mark, Schied/Scheid* verdrängt.

> (3) **die Gurke** (poln. *ogórek*, älter *ogurek*) – im Deutschen seit dem 16. Jahrhundert als Entlehnung aus dem Westslawischen bezeugt: tschech. *okurka*, russ. *огурец*
> bei Ernesti: **Ogorek/die Gurcke**

Es muss jedoch darauf hingewiesen werden, dass die Quelle für die slawischen Wörter letzthin das mittelgriechische Wort *ágouros* (Gurke) zu griech. *áoros* (unreif) ist.

> (4) **der Holunck(e)/Halunke** (poln. *hultaj*) – entlehnt aus dem tschech. *holomek* mit den Bedeutungen ,Diener, Knecht; Gerichtshelfer; Junggeselle', selten auch ,armer junger Adeliger'[6]
> bei Ernesti: **Hultay/Holunck**

Das Wort *Halunke/Holunke* bedeutet in Ernestis Wörterbüchern ,Gauner', auch ,Nichtsnutz'. Im 16. und 17. Jahrhundert war es aber in Schlesien in der Bedeutung ,Bote, Diener im Schloss, Wächter' gebräuchlich, in Prag dagegen in der Bedeutung ,Bettler'. Im Laufe des 17. Jahrhunderts muss das Wort sowohl im Deutschen wie auch in den slawischen Sprachen eine Bedeutungsverschlechterung erfahren haben, die auch nicht rückgängig gemacht wurde, denn auch heute noch wird das Wort in abwertender Bedeutung verwendet.

> (5) **das Kummet** (poln. *chomąto*) – entlehnt vermutlich aus dem Polnischen
> bei Ernesti: **Chomąto/das Kummet**

Grimm zufolge soll das Wort schon im Althochdeutschen (im 12. Jahrhundert) verzeichnet worden sein als ahd. *chomat*. Seit dem 15. Jahrhundert bezeugt ist die Form mit *u* und anlautendem *k* (*kumet*). Auch im Grimmschen Wörterbuch ist die Herkunft aus dem Slawischen bestätigt:

> das pferdekummet heiszt poln. chomat m. und chomąto n., böhm. chomout m., russ. chomut m. Da liegt denn wol eine entlehnung von den Slaven vor [...], wie bei peitsche gleichfalls im fuhrwesen, in dem es also von unsern östlichen nachbarn zu lernen gab. dazu stimmt auch, dasz kummet an den rändern des germ. gebietes fehlt, nl. und dän., engl., nord. überhaupt.[7]
> (6) **die Pomochel** (poln. *ryba głowacz*) – entlehnt wohl aus dem kaschub. *pomuchel, pomuchla* (Dorsch)
> bei Ernesti: **Rybá głowacz/die Pomochel**

---

6   Vgl. Eichler 1965, S. 44
7   DWB = *Deutsches Wörterbuch von Jacob und Wilhelm Grimm.* 16 Bde. in 32 Teilbänden. Leipzig 1854–1961 (woerterbuchnetz.de).

Im heutigen Deutschen lautet das Wort *Pomuchel* und fungiert im nordostdeut-schen Raum als Bezeichnung für *Dorsch*. Im Polnischen ist das Wort auch nicht allgemein gebräuchlich und bekannt. Es bezeichnet einen nur in der Ostsee vor-kommenden kleinen Dorsch.

(7) der **Schöps** – ein Lehnwort aus den slawischen Dialekten, in denen *Schöps* einen ‚ver-schnittenen Schafbock, Hammel' bedeutete, vgl. poln. *skop*, tschech. *skopec*, oso. *skop*

Dieses Wort kommt in allen drei analysierten Wörterbüchern vor. Zur Illust-ration ein Beleg aus dem *Polnischen Hand = Büchlein* von Ernesti, Spalte 1011:

Schöps ift fchon gefchlach⸗
ter / Skop *już zábity*; wie
viel Schöps (fchwarz
Bier) hat der Fleifcher⸗
Knecht ausgetruncketn?
á wieleż czárnego Piwá
Rzeźnik wypił?

(8) **prachern; der Pracher**

In Ernestis *Polnischem Hand = Büchlein* kommt das Verb *prachern* in zwei Bedeutungen vor, nämlich als *prahlen* und *betteln*. Entsprechend kann das Sub-stantiv ‚Pracher' mal ‚Prahler', mal ‚Bettler' bedeuten (s. Spalten 836 und 837):

Pracher hatte nichts mehr
ale eine Plente / und pra⸗
lete doch gleichwol damit /
Pyfzałká (Pyfzny) niemi⸗
ał niczego więcey nád fzer⸗
miętę á przedśię się wynośił
niey; / ihr kennet ja des
Prachers Gebrauch / *wżdy*
Hárdego nedętego Człowie⸗
ká zwyczay wiećie, daß er
gern **prachert** ob er gleich
nichts hat / *że się rad Pyfz⸗*
ni choć nie ma z czego; der
Pracher kam und bath
um ein Almofen / *Zebrak*
przyszedł áprośił o Jáłmuż⸗
nę; Gehet ihr **Pracher**
(Bettler) ich kan euch
nichts geben / *jdźćiemy*
Zebraku nie mogę wam ni⸗
czego dáć.

Ein slawischer Ursprung wird hier zwar vermutet, ist jedoch nicht gesichert. Meistens wird hier die Herkunft von dem ukrainischen Verb *prochaty* (,bitten', ,betteln') erwogen[8]. Allerdings gibt es bei Grimm und Adelung[9] keinen Hinweis auf einen slawischen Ursprung. Das Verb *prachern* und das Substantiv *Pracher* sind heute vor allem in Norddeutschland verbreitet. Auf diesen Verbreitungsraum weist bereits Adelung hin, indem er schreibt, dass *Pracher* ein vornehmlich in Niedersachsen übliches Wort sei, um einen Bettler zu bezeichnen. Auch Grimm zufolge ist *Bettler* niederdeutscher Herkunft. Interessant ist, dass Adelung dem Substantiv *Pracher* nur eine Bedeutung zuschreibt, nämlich ,Bettler'. Anders im Grimmschen Wörterbuch – hier stehen beide Bedeutungen nebeneinander.

> (9) **der Reitzke/Reißke** (poln. *rydz*)
>   bei Ernesti: **Rydz/der Reitzke**

Nach Adelung[10] ist *Reitzke/Reißke*

> der besonders in Meißen und Schlesien übliche Nahme einer Art Blätterschwämme, welche einen Strunk und einen Hut hat, der an Farbe dem Hause einer Gartenschnecke gleicht, und einen safrangelben Saft enthält, welchen er, wenn er angestochen wird, als Thränen fallen läßt.

Das Wort wurde aus westslawischen Mundarten übernommen, vielleicht von den Wenden, also aus dem Sorbischen (vgl. oso. und nso. *ryzyk*). Das Substantiv *Reitzke* ist eine Bildung zu slaw. *ryzy* (,rot, rötlich'). Im heutigen Deutschen lautet der Name für diese Pilzart *Reizker*.

Unter den exzerpierten Belegen für Wörter slawischen Ursprungs in der deutschen Sprache beider Wörterbuchautoren gibt es mehrere, die im heutigen Deutschen nicht mehr gebräuchlich sind. Hierzu gehören:

> (10) **die Babe** (poln. *baba* – alte Frau) – ein Lehnwort aus dem Slawischen
>   bei Ernesti: **Bábá/ ein alt Weib eine Babe**

In den slawischen Sprachen hat das Wort *baba* mehrere Bedeutungen, etwa ,alte Frau, Großmutter; Napfkuchen; Hebamme; blinde Kuh (Kinderspiel)'. Im

---

8 Vgl. Eichler 1965, S. 104
9 Adelung, Johann Christoph: *Grammatisch-kritisches Wörterbuch der Hochdeutschen Mundart mit beständiger Vergleichung der übrigen Mundarten, besonders aber der oberdeutschen.* Zweyte, vermehrte und verbesserte Ausgabe. Leipzig 1793–1801.
10 Adelung, Bd. 3, Spalte 1070.

Wörterbuch von Ernesti kommt dem Wort nur eine der Bedeutungen zu, und
zwar ‚altes Weib'. Das Wort *Babe* soll insbesondere in Gebieten mit früherer slawischer Besiedlung und engen Beziehungen mit slawischen Nachbarn verbreitet
gewesen sein.

> (11) **der Gräupner** (poln. *krupnik* – Bezeichnung für *Graupensuppe* oder *heißen*
> *Schnaps*; auch für einen *Graupenhersteller* oder *Graupenhändler*)
> bei Ernesti: **Krupnik/ der Gräupner**

In *Gräupner* ist das Substantiv *Graupe* die Wortbildungsbasis, das aller Wahr-
scheinlichkeit nach slawischer Herkunft ist:

> GRAUPE, f., korn und kornartiges, durchweg in bestimmten stofflich gebundenen
> anwendungen. das wort ist vermutlich slav. herkunft, nach abg. *krupa* ‚krümchen, körn-
> chen', obersorb., pol. *krupa*, tschech. *kroupa* usw.[11]

In Ernestis Wörterbuch steht das deutsche Wort *Gräupner* ohne Kontext und
über seine Bedeutung kann man nur spekulieren. Das Grimmsche Wörterbuch
führt das Lexem *Gräupner* nur in der Bedeutung ‚Viktualienhändler' an. Über-
dies wird hier das Wort dem Schlesischen zugeschrieben und sein Aufkommen
wird auf das 16. Jahrhundert datiert. Dem Autor des analysierten Wörterbuchs
war der schlesische Dialekt nicht unbekannt, da er beinahe 40 Jahre seines
Lebens in Niederschlesien verbrachte.

> (12) **der Kretschem / Kretscham** (poln. *karczma*) – entlehnt aus slawischen Mundar-
> ten, vgl. böhm. *kretschma*, oso. *korčma*

Das Substantiv *Kretschem* ist in allen drei hier analysierten Werken bezeugt. Adelung zufolge ist *Krêtscham* „ein nur in Schlesien und andern an den Slavonischen
Mundarten gränzenden Gegenden übliches Wort, eine Schenke zu bezeichnen,
wo Kretschmar auch einen solchen Schenkwirth bedeutet"[12]. Tatsächlich war das
Wort vornehmlich im Ostmitteldeutschen verbreitet und gilt heute als veraltet.

Auch das Substantiv *Kretschmer* kommt in den analysierten Wörterbüchern
vor. Hier ist allerdings die Entscheidung, ob *Kretschmer* direkt auf böhm. *krčmář*,
wend. *korčmař*, poln. *karczmarz*, slow. *kerčmár* beruht oder eine deutsche Bildung mit -*er* (von *Kretscham*) darstellt, höchst problematisch. Zudem ist *Kretsch-*
mer ein nicht seltener Nachname in Deutschland.

> (13) **das Petschier** (poln. *pieczęć* – *Siegel/Stempel*)
> bei Ernesti: petſchier/pieczęc/ſigilum

---

11 DWB, Bd. 8, Spalte 2170.
12 Adelung, Bd. 2, Spalte 1773.

In der heutigen deutschen Sprache scheint das Wort *Petschier* ungebräuchlich zu sein. Lediglich das Substantiv *Petschaft* in der Bedeutung ‚Siegel' und das Verb *petschieren* als ‚mit einem Petschaft versiegeln' sind heute noch in Gebrauch. Das Substantiv *Petschier* findet sich jedoch bei Adelung als

> ein für Petschaft, besonders im gemeinen Leben, übliches Wort, so wohl ein Handsiegel als auch dessen Abdruck zu bezeichnen. [...] Es ist mit Petschaft [e]ines Ursprunges und von demselben nur im Endlaute unterschieden [...].[13]

Grimm zufolge ist *Petschier* slawischen Ursprungs und geht auf slaw. *petsch*, *pitsch* zurück, hat jedoch eine romanische Endung.[14]

(14) **der Zwarg** (poln. *twaróg*)
     bei Ernesti: Twarog / der Zwarg

Das Substantiv *Zwarg* geht auf das poln. Wort *tvarog*, wend. *tvaroh*, russ. *творог* zurück.

Außer den bereits dargestellten lexikalischen Einheiten des Deutschen, deren slawischer Ursprung auch in Wörterbüchern der deutschen Sprache bezeugt ist, begegnen uns in den analysierten Werken Wörter, bei denen der slawische Einfluss wenigstens vermutet werden kann:

(15) **der Karnmann** (poln. *karnik*)
     bei Ernesti: Karnik / der Karnmann

Das polnische Wort *karnik* ist in der heutigen polnischen Sprache nicht mehr geläufig. Nach Linde[15] hatte dieses Wort zwei Bedeutungen. Es konnte einen *Bestrafer, Züchtiger* bezeichnen als Ableitung von dem Substantiv *kara* (‚Strafe'). Es konnte aber auch einen *Fuhrmann* bezeichnen als Ableitung von dem Substantiv *kara* (‚Karre'), für den im Deutschen das Wort *Kärrner* steht. Ob *karnik* bei Ernesti einen *Bestrafer* oder einen *Fuhrmann* bezeichnet, lässt sich anhand des Wörterbucheintrags nicht entscheiden, weil der hierzu nötige Kontext fehlt. Bei *Karnmann* in der Bedeutung ‚Bestrafer' ist der Einfluss der polnischen Sprache denkbar.

(16) **die Kars / Karp** (poln. *karaś*) (dt. *Karausche*)
     bei Ernesti: Káráś / die Kars Karp

Nicht weniger problematisch ist das Substantiv *Kars* (*Karp*). Gemeint ist mit ihm eine *Karausche* (eine Karpfenfischart). Für *Karausche* nimmt man an, dass das Substantiv

---

13 Adelung, Bd. 3, Spalte 697.
14 Vgl. DWB, Bd. 13, Spalte 1579.
15 Linde, Bogumił Samuel: *Słownik języka polskiego.* Tom 1. Część 2. Warszawa 1808, S. 966.

ein Lehnwort aus dem Slawischen ist, vgl. tschech. *karas*, poln. *karaś*. Ob mit dt. *Kars* das slawische Wort mit synkopiertem *a* vorliegt, lässt sich nicht mit Sicherheit sagen.

4 Schluss

Die vorausgehenden Ausführungen hatten zum Ziel, anhand der im ethnisch gemischten (deutsch-polnischen) Raum herausgegebenen und von zweisprachigen Lexikographen verfassten Wörterbücher im deutschen Wortschatz lexikalische Einheiten slawischen Ursprungs zu ermitteln. Die eruierten Wörter bilden keine bedeutsame Menge. Außer Slawismen, die sich im Deutschen eingebürgert haben und bis heute gebräuchlich sind, konnten auch solche ermittelt werden, deren Verbreitung nur auf einen bestimmten Raum – meistens das deutsch-polnische Grenzgebiet oder ein Gebiet mit deutscher und polnischer Bevölkerung – begrenzt war. Ganz wenige Wörter scheinen vielleicht zum individuellen Sprachgebrauch der Autoren zu gehören, wobei diese Vermutung einer Analyse weiterer zeitgenössischer Wörterbücher bedarf.

Literatur

Adelung, Johann Christoph: *Grammatisch-kritisches Wörterbuch der Hochdeutschen Mundart mit beständiger Vergleichung der übrigen Mundarten, besonders aber der oberdeutschen.* Zweyte, vermehrte und verbesserte Ausgabe. Leipzig 1793–1801. (http://woerterbuchnetz.de/cgi-bin/WBNetz/wbgui_py?sigle=Adelung), abgerufen am 15.04.2018.

DWB = *Deutsches Wörterbuch von Jacob und Wilhelm Grimm.* 16 Bde. in 32 Teilbänden. Leipzig 1854–1961. (http://woerterbuchnetz.de/cgi-bin/WBNetz/wbgui_py?sigle=DWB), abgerufen am 15.04.2018.

Eichler, Ernst: *Etymologisches Wörterbuch der slawischen Elemente im Ostmitteldeutschen.* VEB Domowina-Verlag: Bautzen 1965.

Ernesti, Jan: *Forytarz Języka Polskiego. Förderer der Polnischen Sprache.* In der Baumannischen Erben Druckerey druckis Gottfried Gründer: Wrocław 1674.

Ernesti, Jan: *Polnisches Hand-Büchlein darinnen nebst denen Stamm-Vieldeutenden-Sprüch-Wörtern, auch allerhand täglich vorfallende Redensarten enthalten.* Christian Okeln: Świdnica 1689.

Frączek, Agnieszka: *Słowniki polsko-niemieckie i niemiecko-polskie z przełomu XVII i XVIII wieku. Analiza leksykograficzna.* Warszawa 2014.

Kuschius, Michael: *Wegweiser zur Polnischen vnd Deutschen Sprache.* Georg Baumann: Breslau 1646.

Linde, Bogumił Samuel: *Słownik języka polskiego.* Tom 1. Część 2. Warszawa 1808.

Mihai Crudu

Menkenke machen und *a da în crop* … Zur diatopischen Markierung ausgewählter Phraseme mit isolierten Wörtern, am Sprachmaterial des Deutschen und Rumänischen

Abstract: The present study's aim is to analyse the category of fixed phrases with bound words. By *bound words* we mean those lexemes that, for either linguistic or extralinguistic reasons, are currently present only in fixed phrases such as germ. *anheischig* in *sich anheischig machen*, *Cour* in *jemandem die Cour machen/schneiden*, *eingedenk* in *einer Sache eingedenk sein/bleiben* or rom. *cerbice* in *a fi tare la cerbice*, *izbeliște* in *a lăsa de izbeliște*, *ort* in *a da ortul popii*. The approach is mainly diachronic, and the fixed phrases with isolated words which present a certain diatopic marking are in the spotlight.

Keywords: fixed phrases, German, Romanian, diachrony, diatopic variation

1 Aufgabenstellung

Die Aufgabenstellung dieses Aufsatzes berührt ein in der Linguistik meist als Randphänomen bezeichnetes Problem, nämlich die *Unikalia*, womit global Wörter gemeint sind, die sich im Sprachsystem isoliert haben und nur noch in festen Wortverbindungen erhalten geblieben sind (z. B. dt. *Geratewohl* in *aufs Geratewohl*, *Kriegsbeil* in *das Kriegsbeil ausgraben/begraben*, *Tacheles* in *Tacheles reden*, rum. *buzna* in *a da buzna*, *habar* in *a nu avea habar*, *tălpășița* in *a-și lua tălpășița*). Warum werden sie wohl zu den Randphänomenen gezählt? Zwei Gründe sehe ich da als möglich: Erstens, weil Unikalia eine sehr heterogene lexematische Klasse ausmachen, weshalb eine einheitliche Untersuchung zahlreiche Schwierigkeiten bereiten würde, und zweitens, weil sie zahlenmäßig unbedeutend sind, weshalb sie viele Linguisten einfach vernachlässigen oder sogar nicht wahrhaben wollen.

Was mich in diesem Beitrag ausdrücklich beschäftigt, ist eine vorwiegend diachronische Untersuchung ausgewählter Unikalia bzw. ihrer entsprechenden Phraseme, wobei im Mittelpunkt des Interesses ihre diatopische Markierung in der Gegenwartssprache steht. Damit soll eine klare aufgelistete

Zusammenstellung unikaler Wörter zustande kommen, die nachträglich zur Konzipierung eines bilingualen Unikalia-Wörterbuchs Beitrag leisten darf.

2 Phraseme mit *Unikalia*: kurzes Profil

Auf den *Unikalia*-Begriff bin ich bislang in vielen Studien einlässlich eingegangen, weshalb ich es hier nur bei wenigen wesentlichen theoretischen Aspekten bewenden lasse. Wie anfangs erwähnt, sind *Unikalia* Lexeme einer Sprache, die aus verschiedenen Ursachen synchron nicht mehr frei vorkommen, sondern ausschließlich in phraseologischen Kontexten zu finden sind. Insoweit weisen sie phraseologische Gebundenheit auf; vgl. den gleichbedeutenden, von Dobrovol'skij eingesetzten Terminus *phraseologisch gebundene Formative*.[1]

In der einschlägigen Literatur sind auch weitere synonyme Begriffe dazu anzutreffen: *phraseologisch isolierte Wörter, phraseologisch gebundene lexikalische Elemente, unikale Komponenten* u. a., die gerade auf das Wesensmerkmal dieser Wörter hinweisen, u. zw., dass sie lediglich in festen Wortverbindungen auftreten (können). Zur Veranschaulichung ein paar Beispiele: dt. *sich anheischig machen, sich erkenntlich zeigen, fehl am Platze sein, Fersengeld geben, doppelt gemoppelt, es zieht wie Hechtsuppe* bzw. rum. *a lăsa de izbeliște, a-și face mendrele (cu cineva), beat criță, a umbla cu fofârlica, a ține hangul, a-i fi/a i se face cuiva lehamite* usw., wobei die in halbfetter Schrift markierten Lexeme für unikal gehalten werden können, da man sie nur in den betreffenden Phrasemen benutzt. Darüber hinaus sind die meisten dieser Wörter nur sehr wenig produktiv oder sogar unproduktiv. Das besagt, dass sie sich an der Bildung weiterer Lexeme kaum beteiligten. Aus den eben aufgezählten Beispielen hat nur dt. *erkenntlich* ein weiteres Wort erzeugt, etwa *Erkenntlichkeit*. Auch dt. *fehl* ist zwar produktiv, aber nur als gebundenes Morphem in Wörtern wie: *Fehlangabe, Fehlprognose, fehlschlagen, fehltreten* u. a.

Die Blockierung dieser Wörter im System ist auf Zahlreiches zurückführbar[2], davon sei im Folgenden nur den wichtigsten Ursachen Erwähnung getan mitsamt entsprechenden Belegen:

- das Phänomen der Archaisierung: Das Veralten mancher Wörter ist doch eine Selbstverständlichkeit. Praktisch ist jedes einzelne Wort der Gefahr ausgesetzt,

---

1   Dobrovol'skij, Dmitrij: *Phraseologisch gebundene lexikalische Elemente der deutschen Gegenwartssprache. Ein Beitrag zur Theorie der Phraseologie und zur Beschreibung des phraseologischen Bestandes.* (unveröffentlichte Dissertation) Leipzig 1978.

2   Dazu ausführlicher in Crudu, Mihai: *Sprachliche Unikalia im Phraseolexikon des Deutschen und Rumänischen.* Wissenschaftlicher Verlag: Berlin 2016, S. 262.

aus dem System zu verschwinden, zumal oft „Konkurrenten" auftauchen, die unerklärlicherweise von den Sprechern bevorzugt sind, sodass das ursprüngliche Wort allmählich in Vergessenheit gerät und nicht mehr zugänglich ist. So ein Fall ist z. B. das Lexem dt. *Eidam*[3], das schon im 16. Jahrhundert durch *Schwiegersohn* ersetzt wurde. Mitunter gab es keinen Ersatzbedarf, weil das durch das betreffende Wort Bezeichnete nicht mehr gebraucht wurde. Als Beispiel nenne ich hier das Nomen dt. *Kriegsbeil*, das ‚eine Streitaxt der Indianer' war. Heute benutzt man ein solches Gerät und daher ein solches Wort nicht mehr. Glücklicherweise überlebte das Wort, indem es sich – in einer figurativen Bedeutung – im Phrasem *das Kriegsbeil ausgraben/begraben* isoliert hat. Vgl. auch rum. *sacagiu* in *a vinde apă la sacagiu*, ein Wort, das ins Rumänische schon im 17. Jahrhundert eingedrungen ist und einen heute nicht mehr existierenden Beruf bezeichnet. Man erkennt zwar die Struktur des Wortes (Nomen *saca* (< türk. *saka*) + Suffix *-giu*), kann aber nichts damit anfangen.

– der Prozess der Entlehnung: Das Assimilieren von Neuem ist zweifelsohne ein äußerst produktives Wortbildungsverfahren, das jede Sprache überaus bereichert hat. Der Anpassungsgrad variiert jedoch fallweise, sodass manche Wörter eine neue Identität gewinnen (vgl. z. B. dt. *Kaffee*/rum. *cafea* < arab. *qahwa*), wohingegen andere – vor allem die Fremdwörter – ihre spezifische Gestalt bewahren (vgl. z. B. dt. *Engagement* < frz. *engagement*, im Rumänischen jedoch mit spezifischer Aussprache rum. *angajament*). Dabei besteht die Möglichkeit, dass die Wörter sich nicht sehr stark im System durchsetzen, jedoch in einigen abgeschotteten Kontexten lebendig bleiben. So ist es z. B. beim Lexem dt. *Paroli*[4] der Fall gewesen, das dank seiner ausgefallenen Lautform von den Sprachbenutzern nicht völlig übernommen werden

---

3   Das Lexem wurde schon früh zugunsten des Wortes *Schwiegersohn* aufgegeben, das zur viel klareren Wortsippe von *Schwieger-* (*-mutter, -vater, -eltern, -tochter*) gehörte. Gleichbedeutendes *Eidam* (< ahd. *eidum*, mhd. *eidem*), wie übrigens auch sein feminines Pendant *Schnur*, ließen sich strukturell mit keinen weiteren Wörtern assoziieren, daher kamen sie außer Gebrauch. Vgl. auch Osman, Nabil: *Kleines Lexikon untergegangener Wörter. Wortuntergang seit dem Ende des 18. Jahrhunderts*. Beck: München [16]2007, S. 72, wo auf die Tendenz der deutschen Sprache aufmerksam gemacht wird, „Wurzelwörter durch Komposita oder Ableitungen zu ersetzen."

4   Ursprung des Wortes ist zwar das Homonym im Italienischen, ins Deutsche ist es aber über das Französische eingedrungen, wo es in einem Kartenspiel die Verdoppelung des Einsatzes bezeichnete; vgl. *Duden. Das Herkunftswörterbuch. Etymologie der deutschen Sprache*. Bd. 7 (DHW 7). Dudenverlag: Mannheim et. al. [5]2014, S. 617.

konnte, weshalb es heutzutage nur noch im Phrasem *einer Sache/jemandem Paroli bieten* überlebt. Vgl. auch rum. *azbuche* in *a fi la azbuche*, wo das unikale Wort, heute übrigens völlig opak, auf die alte Bezeichnung des kyrillischen Alphabets (slaw. *azŭ* und *buki*) – also ‚ganz am Anfang‘ – verweist.

– die Spezialisierung mancher Lexeme in bestimmten Lekten: Die Verwendung der Wörter in begrenzten Kontexten kann einen Grund darstellen, weshalb Lexeme Unikalisierung erfahren. Dt. *Freite*[5] z. B. kursiert nur landschaftlich in der Redewendung *auf die Freite gehen*, weist daraufhin diatopische Variation auf. Vgl. auch dt. *pari*[6] (in *zu/über/unter pari*), das diastratisch markiert ist, indem es im Börsenwesen begegnet.

Die Liste der Ursachen ließe sich freilich fortsetzen; Hauptanliegen dieses Beitrags ist aber, die diatopische Variation der Phraseologismen mit Unikalia prioritär unter die Lupe zu nehmen.

3 *Unikalia* mit diatopischer Markierung

Diatopisch[7] markiert sind bekannterweise Sprachfakten, die örtlich bzw. regional bedingt variieren. Dieses Zusammenleben im selben Sprachsystem mehrerer unterschiedlicher Formen, die das gleiche Konzept bezeichnen, erzeugte die Dialekte. Da die einschlägige Literatur zur linguistischen Disziplin der Dialektologie mittlerweile Legion ist, gehe ich hier nicht auf dialektologische Ansätze ein.

Das hier zu untersuchende Korpus enthält Phraseologismen mit unikalen Wörtern, die landschaftlich kursieren oder eine regionale Variante – anders als die hochsprachliche – haben. Dementsprechend wurde in den Nachschlagewerken nach Einträgen gesucht, die – über die Tatsache hinaus, dass sie lediglich in Phrasemen auftreten – mit spezifischen lexikografischen Vermerken versehen sind. In der deutschsprachigen Lexikografie wird die diatopische Markierung der Lemmata durch *landschaftlich, mitteldeutsch, berlinisch, österreichisch, schweizerisch* u. a. ausgedrückt, wohingegen die rumänische Lexikografie zumeist das

---

5   Das Nomen *Freite* (< mhd. *vrīāt(e)*) gehört zur Wortsippe des veralteten Verbs *freien* ‚heiraten wollen‘, das seinerseits auf *frei* (in ursprünglicher Bedeutung ‚lieb‘) zurückgeht. Vgl. auch *Freier* bzw. *Freiersfüße* (in *auf Freiersfüßen (umher)gehen/wandeln*). Vgl. Pfeifer, Wolfgang et al.: *Etymologisches Wörterbuch des Deutschen* (EWD). Edition Kramer: Berlin ²2013, S. 372–373.

6   Aus dem Italienischen *pari* (< lat. *par*) ‚gleich‘ (http://www.duden.de/rechtschreibung/pari).

7   Aus dem Griechischen *tópos* ‚Ort‘. Vgl. auch weitere von derselben Wurzel stammende Bildungen: *Topografie, Toponymie, Toponymik* u.a.

Adjektiv *regional* gebraucht und nur selten konkret auf eine bestimmte Region hinweist. Die Analyse verfolgt in erster Linie die Entwicklung der Unikalia und der dazugehörigen Phraseme im Laufe der Zeit bzw. inwieweit die Unikalia die wendungsinterne Bedeutung bestimmen.

Ein regional kursierendes Lexem, das phraseologische Gebundenheit aufweist, ist dt. *Daffke*. Es gilt, linguistisch gesehen, als Isolat der Sprache, da es lexikalisch völlig verdunkelt ist. Von seiner phono-morphematischen Struktur her lässt sich dieses seltsam klingende Wort gegenwärtig mit keinen sonstigen Lexemen assoziieren und ist somit ausschließlich in der Ganzheit des entsprechenden Phrasems verständlich. Es ist ein umgangssprachliches Wort, das in Berlin in Umlauf ist und dem das jidd. Adverb *dafke(s)* (hebräischer Herkunft: *dawqā*) zugrunde liegt, in der Bedeutung ‚genau so, nun gerade'.[8] Das Phrasem *aus Daffke* besagt somit ‚aus Trotz, nur so zum Spaß'. Althaus[9] verweist in seinen Lexika auf weitere jiddische Gelegenheitsbildungen, die von *Daffke* ausgehen, obwohl sie mit einem einzigen *F* geschrieben werden: *Dafkinist* (oder eben *Dafkenist*) in der Bedeutung ‚Querkopf', bzw. *Dafkinismus* ‚gutartige Frechheit'. Keines hat sich aber in der Hochsprache etablieren können.

Ein anderer Jiddismus, welchen zu erwähnen es ferner gilt, ist das landschaftliche Wort *Rochus*, dessen jidd. Etymon *rauches* ist und das ins Deutsche unter Einfluss des Rotwelschen Eingang gefunden hat. Das Lexem geht eigentlich auf das homophone, phrasemisch deonymisierte Anthroponym (latinisierte Form des ahd. *Roho* < ahd. *rohōn* ‚in der Schlacht brüllen')[10] zurück und begegnet nur noch in *aus Rochus* bzw. *einen Rochus auf jemanden haben*, in der Bedeutung ‚Wut, Zorn'.

In dieselbe Kategorie der Isolate – jedoch diesmal nicht mehr jiddischen Ursprungs – fällt auch das Lexem *Menkenke*, eine spielerische Wortschöpfung, deren Etymologie noch heute ungeklärt ist. Es geht vermutlich auf das Verb *mengen* zurück[11], aufgrund einer rein phonetischen Ähnlichkeit mit einer nicht belegten indoeuropäischen Urform **men(ə)k-* ‚kneten, quetschen', obwohl eine genetische Verwandtschaft nicht bewiesen werden konnte. Das Wort kommt

---

8   Vgl. *Duden. Redewendungen. Wörterbuch der deutschen Idiomatik*. Bd. 11 (DRW 11). Dudenverlag: Mannheim et. al. ³2008, S. 155.

9   Althaus, Hans Peter: *Chuzpe, Schmus & Tacheles. Jiddische Wortgeschichten*. Beck: München ²2006, S. 19; Althaus, Hans Peter: *Kleines Lexikon deutscher Wörter jiddischer Herkunft*. Beck: München ³2010, S. 70.

10   Vgl. *Duden. Lexikon der Vornamen. Herkunft, Bedeutung und Gebrauch von über 6000 Vornamen* (DLV). Dudenverlag: Mannheim et. al. ⁴2004, S. 256.

11   Vgl. EWD, S. 860–861.

landschaftlich (insbesondere mitteldeutsch) ausschließlich neben dem Verb *machen* vor, in der Bedeutung ‚Umstände machen'.

Diese drei bislang untersuchten Beispiele zeigen deutlich, dass die Unikalia in den jeweiligen Phrasemen eine wesentliche Rolle spielen, viel mehr, wenn das Phrasem eine einfache Struktur aufweist. In Fällen vom Typ *aus* + unikales Wort bzw. unikales Wort + *machen* lässt sich die Redewendung nur durch das unikale Lexem motivieren, zumal die umgebenden Bestandteile semantisch zu umfangreich sind. Es gibt also allen Grund zu pointieren: „Je semantisch erweiterter die umgebenden Autosemantika, desto größer die Opazität des unikalen Wortes und insofern der Idiomatizitätsgrad.“[12]

Weiter möchte ich mich einem schon im 18. Jahrhundert belegten Adverb zuwenden, das sich als interessant erweist, dadurch, dass es durch haplologische Zusammensetzung zustande gekommen ist. Es handelt sich um das synchron verdunkelte Wort *hüben*, heute noch in der Verbindung *hüben und/wie drüben* erhalten. Seine konstitutiven Bestandteile sind das Adverb *hie* (ältere Form von *hier*, landschaftlich noch in Umlauf) und das Adverb *üben*, eine mundartliche Lesart von *über*, in der Bedeutung ‚jenseits'. Freilich hat sich die Redewendung aufgrund einer phonetischen Analogie durchgesetzt.

Überschreitet man die Grenzen des Binnendeutschen, so stößt man auf Phraseme mit Unikalia, die auch andere Varianten kennen. *Handkehrum* z. B. ist die in der Schweiz übliche Form von *Handumdrehen*, in der Redewendung *im Handkehrum*. Ähnliches gilt für das Lexem *Hochschein* (in *keinen Hochschein haben*), das so gut wie ‚keine Ahnung haben' bedeutet. Der Phraseologismus *im Vorhinein* ist dagegen eher in Österreich (bzw. in Süddeutschland) anzutreffen.

Auch im rumänischen Wortschatz begegnen regional bedingte Wörter, die nur in Phrasemen auftauchen. Beispiele hierfür wären: *hăbăuc, crop, bleau, chiu, bobot* u. a. Etymon des Lexems rum. *hăbăuc* ist ung. *habóka*, das dialektal gebraucht wird. Trotz der Assoziation mit rum. *năuc* bleibt die Entwicklung dieses Wortes noch immer ungeklärt, was u. a. in seinen relativ vielen Varianten zu sehen ist: *a (se) rupe/face hăbăuc(i), a o lua/a umbla hăbăuca*.

Eine ähnliche, etwas chaotische Entwicklung ist auch im Falle der Wörter rum. *bleau* und *chiu* festzustellen, denen man gegenwärtig noch in *a nu zice nici bleau* bzw. *a umbla cu chiuita* begegnet. Trotz ihrer strukturellen Verdunkelung beteiligten sich diese Lexeme rege an der Bildung weiterer Wörter, die teilweise auch heute noch bekannt sind; vgl. z. B. *bleahă, a blehăi* bzw. *a chiui, chiot, chiuială, chiuit*.

---

12 Crudu 2016, S. 219.

Zum Schluss möchte ich noch zwei andere unikale Wörter kurz ergründen. Das eine ist das gebietsweise kursierende Nomen *crop*, das sich im Funktionsverbgefüge *a da în crop* isoliert hat. Es geht nämlich auf einen volkssprachlichen Archaismus zurück, *uncrop*, und bedeutet ‚kochendes, siedendes Wasser'. Das andere ist das Verb *a destoia*, dessen Herkunft vermutlich im Verb *a ostoi* zu suchen ist. Heute ist es nur noch im Funktionsverbgefüge *a-și destoia foamea* erhalten geblieben.

4 Fazit

Verallgemeinernd kann ausgeführt werden, dass die diatopische Isolierung eine Ursache des Unikalisierungsprozesses ist. Die hier besprochenen Fälle zeigen, dass manche Unikalia nur regional kursieren, wobei sie in der Hochsprache eine ganz andere Form haben. Dahingegen können Lexeme ausfindig gemacht werden, deren landschaftliche Form dem hochsprachlichen Wort ähnlich ist.

Im Falle des deutschen Korpus kann hervorgehoben werden, dass die Lexikografie sich um eine einheitliche Eintragung unikaler Wörter kümmert, wobei jeweils konkret auf die diatopische Markierung hingewiesen wird. Auch *in puncto* Etymologie werden hier deutliche Informationen angegeben.

Die rumänische Lexikografie weist dagegen eine gewisse Reserviertheit (oder – besser gesagt – Unsicherheit) auf. Zwar gibt es spezifische Kommentare, die die diatopische Markierung der Lemmata anzeigen, oft sind diese aber ungenügend oder zu allgemein. Zu wünschen ist natürlich ein aufmerksamer Umgang mit den Stichworteinträgen, was kategorisch zu einer Verbesserung der lexikografischen Praxis und somit der Qualität der Nachschlagewerke führen würde.

Literatur

Althaus, Hans Peter: *Kleines Lexikon deutscher Wörter jiddischer Herkunft.* Beck: München [3]2010.

Althaus, Hans Peter: *Chuzpe, Schmus & Tacheles. Jiddische Wortgeschichten.* Beck: München [2]2006.

Ammon, Ulrich et al.: *Variantenwörterbuch des Deutschen. Die Standardsprache in Österreich, der Schweiz und Deutschland sowie in Liechtenstein, Luxemburg, Ostbelgien und Südtirol.* Walter de Gruyter: Berlin 2004.

Burger, Harald et al.: *Phraseologie/Phraseology. Ein internationales Handbuch der zeitgenössischen Forschung.* Walter de Gruyter: Berlin, New York 2007.

Ciorănescu, Alexandru: *Dicționar etimologic al limbii române*. Saeculum I. O.: București 2007.

Crudu, Mihai: *Sprachliche Unikalia im Phraseolexikon des Deutschen und Rumänischen*. Wissenschaftlicher Verlag: Berlin 2016.

DHW 7 = *Duden. Das Herkunftswörterbuch. Etymologie der deutschen Sprache*. Bd. 7. Dudenverlag: Mannheim et. al. [5]2014.

DLV = *Duden. Lexikon der Vornamen. Herkunft, Bedeutung und Gebrauch von über 6000 Vornamen*. Dudenverlag: Mannheim et. al. [4]2004.

Dobrovol'skij, Dmitrij (1978): *Phraseologisch gebundene lexikalische Elemente der deutschen Gegenwartssprache. Ein Beitrag zur Theorie der Phraseologie und zur Beschreibung des phraseologischen Bestandes*. (unveröffentlichte Dissertation) Leipzig.

DRW 11 = *Duden. Redewendungen. Wörterbuch der deutschen Idiomatik*. Bd. 11. Dudenverlag: Mannheim et. al. [3]2008.

EWD = Pfeifer, Wolfgang et al.: *Etymologisches Wörterbuch des Deutschen*. Edition Kramer: Berlin [2]2013.

Osman, Nabil: *Kleines Lexikon untergegangener Wörter. Wortuntergang seit dem Ende des 18. Jahrhunderts*. Beck: München [16]2007.

Internetquellen

www.dexonline.ro, abgerufen am 01.05.2018.

www.duden.de, abgerufen am 02.05.2018.

REGENSBURGER BEITRÄGE ZUR DEUTSCHEN SPRACH-
UND LITERATURWISSENSCHAFT

Reihe B: Untersuchungen

Begründet von Bernhard Gajek (Band 1-93)
Fortgeführt von Jürgen Daiber, Achim Geisenhanslüke und Ursula Regener (Band 94-97)

Band   1   Hans-Jörg Knobloch: Das Ende des Expressionismus. Von der Tragödie zur Komödie. 1975.

Band   2   Walter Münz: Individuum und Symbol in Tiecks „William Lovell". Materialien zum früh-romantischen Subjektivismus. 1975.

Band   3   Gerhard Schaub: Georg Büchner und die Schulrhetorik. Untersuchungen und Quellen zu seinen Schülerarbeiten. 1975.

Band   4   Ortwin Beisbart: Möglichkeiten literaturdidaktischer Entscheidungen. Kritische Untersu-chungen zum Problem der literarischen Wertung in der Literaturdidaktik. 1975.

Band   5   Wolfgang Doktor: Die Kritik der Empfindsamkeit. 1975.

Band   6   Reiner Wild: „Metacriticus bonae spei". Johann Georg Hamanns „Fliegender Brief". Ein-führung, Text und Kommentar. 1975.

Band   7   Rosemarie Haas: Die Turmgesellschaft in „Wilhelm Meisters Lehrjahren". Zur Geschichte des deutschen Geheimbundromans und der Romantheorie im 18. Jahrhundert. 1975.

Band   8   Helga Bleckwenn: Stifter und Goethe. Untersuchungen zur Begründung und Tradition einer Autorenzuordnung. 1977.

Band   9   Dieter Dennerle: Kunst als Kommunikationsprozeß. Zur Kunsttheorie Clemens Brentanos. 1976.

Band 10   Fritz Wagner: Untersuchungen zu Reflexivkonstruktionen im Deutschen. 1977.

Band 11   Hanspeter Brode: Die Zeitgeschichte im erzählenden Werk von Günter Grass. Versuch einer Deutung der „Blechtrommel" und der „Danziger Trilogie". 1977.

Band 12   Josef Nadler: Die Hamannausgabe. Vermächtnis – Bemühungen – Vollzug. Faksimile-druck nach der Ausgabe von 1930 mit der Findliste zu Josef Nadlers Hamann-Nachlaß in der Universitätsbibliothek Münster / Westf. von Sabine Kinder und einem Vorwort von Bernhard Gajek. 1978.

Band 13   Bernhard Gajek / Eberhard Haufe: Johannes Bobrowski. Chronik – Einführung – Biblio-graphie. 1977.

Band 14   Fawzi Boubia: Theater der Politik – Politik des Theaters. Louis-Sebastien Mercier und die Dramaturgie des Sturm und Drang. 1978.

Band 15   Horst Thomé: Roman und Naturwissenschaft. Eine Studie zur Vorgeschichte der deut-schen Klassik. 1978.

Band 16   Ilona Tahir-Ul-Haq: Das Lied der Juden im osteuropäischen Raum. Seine Funktionen im Prozeß der Erhaltung und Veränderung des sozialen und kulturellen Normensystems in der Bewältigung aktueller Lebenssituationen. 1978.

Band 17   Wolfgang Eitel: Balzac in Deutschland. Untersuchungen zur Rezeption des französischen Romans in Deutschland 1830-1930. 1978.

Band 18   Christian und Maria Scholz: Computer-Index zu Friedrich Rückert. Eine Anwendung des literaturwissenschaftlichen Textinformationssystems LISI 77. 1978.

Band 40 Hans Ulrich Schmid: Die mittelalterlichen deutschen Inschriften in Regensburg. 1989.

Band 41 Ortwin Beisbart: Ganzheitliche Bildung und muttersprachlicher Unterricht in der Geschichte der Höheren Schule. Untersuchungen zu Fundierung und Praxis von Deutschunterricht zwischen 1750 und 1850. 1989.

Band 42 Gertrud M. Rösch: Ludwig Thoma als Journalist. Ein Beitrag zur Publizistik des Kaiserreichs und der frühen Weimarer Republik. 1989.

Band 43 Ulrike Bosse: Alexander Kluge – Formen literarischer Darstellung von Geschichte. 1989.

Band 44 Andreas Pöllinger: Der Zensurprozeß um Paul Heyses Drama „Maria von Magdala" (1901-1903). Ein Beispiel für die Theaterzensur im Wilhelminischen Preußen. 1989.

Band 45 Klaus-Dieter Oelze: Das Feuilleton der Kölnischen Zeitung im Dritten Reich. 1990.

Band 46 Bernhard Gajek / Albert Meier (Hrsg.): Johann Georg Hamann und die Krise der Aufklärung. Acta des fünften internationalen Hamann-Kolloquiums in Münster i. W. 1988. 1990.

Band 47 Werner Konrad: Max Frischs „Die Chinesische Mauer". Ein Paradigma für seine Oswald-Spengler-Rezeption. 1990.

Band 48 Jinhyung Park: Rainer Maria Rilkes Selbstwerdung in buddhistischer Sicht. Ein literatur- und religionswissenschaftlicher Beitrag zu einem neuen Rilke-Verständnis. 1990.

Band 49 Zheng Fee: Alfred Döblins Roman „Die drei Sprünge des Wang-lun". Eine Untersuchung zu den Quellen und zum geistigen Gehalt. 1991.

Band 50 Ingrid Girlinger: Gottfried Kölwel. Studien zu seinem erzählerischen und dramatischen Werk. 1991.

Band 51 Martina Blusch: Ein italienisch-deutsches Sprachlehrbuch des 15. Jahrhunderts. Edition der Handschrift Universitätsbibliothek Heidelberg Pal. Germ. 657 und räumlich-zeitliche Einordnung des deutschen Textes. 1992.

Band 52 Bernhard Gajek / Walter Schmitz (Hrsg.): Georg Britting (1891-1964). Vorträge des Regensburger Kolloquiums 1991. 1993.

Band 53 Maria Pfeffer: Flugschriften zum Dreißigjährigen Krieg. Aus der Häberlin-Sammlung der Thurn- und Taxisschen Hofbibliothek. 1993.

Band 54 Sun-Ok Sa: Entfremdung. Untersuchungen zum Frühwerk Heinrich Bölls (1949-1963). 1993.

Band 55 Karin Rabenstein-Kiermaier: Conrad Haußmann (1857-1922). Leben und Werk eines schwäbischen Liberalen. 1993.

Band 56 Claudia Müller-Stratmann: Josef Ruederer (1861-1915). Leben und Werk eines Münchner Dichters der Jahrhundertwende. 1994.

Band 57 Werner Konrad: Patriotendrama – Fürstendrama. Über Anton Nagels „Bürgeraufruhr in Landshut" und die bayerischen Patriotendramen der frühen Karl-Theodor-Zeit. 1995.

Band 58 Jürgen Joachimsthaler: Max Bernstein. Kritiker, Schriftsteller, Rechtsanwalt (1854-1925). Ein Beitrag zur Literatur-, Rechts-, Zensur-, Kultur-, Sozial- und allgemeinen Geschichte zwischen 1878 und 1925 mit Ausführungen zum „Naturalismus", zur praktischen Anwendung des Sozialistengesetzes, zu Ibsen, Conrad, Gerhart Hauptmann und anderen Zeitgenossen. 1995.

Band 59 Eleonore Nietsch: Frau und Gesellschaft im Werk Ludwig Thomas. Erweiterte deutsche Fassung der französischen Dissertation „Femme et société dans l'oeuvre de Ludwig Thoma". 1995.

Band 60 Rupert Hochholzer: Himmel und Hölle. Onomasiologische und semasiologische Studien zu den Jenseitsbezeichnungen im Althochdeutschen. 1996.

Band 61 Bernhard Gajek (Hrsg.): Johann Georg Hamann. Autor und Autorschaft. Acta des sechsten Internationalen Hamann-Kolloquiums im Herder-Institut zu Marburg / Lahn 1992. 1996.

Band 62 Susanne Näßl: Die ‚okkasionellen Ereignisverben' im Deutschen. Synchrone und diachrone Studien zu unpersönlichen Konstruktionen. 1996.

Band 63 Hwa-Jeong Kang: Die Vorstellung von Künstler und Genie bei Clemens Brentano. 1996.

Band 64 Claudia Müller-Stratmann: Wilhelm Herzog und ‚Das Forum'. „Literatur-Politik" zwischen 1910 und 1915. Ein Beitrag zur Publizistik des Expressionismus. 1997.

Band 65 Ok-Jin Park: Die Rezeption deutscher Dramen in Korea in der ersten Hälfte des 20. Jahrhunderts. 1997.

Band 66 Sabine Suttner: Die Darstellung der Bayern im ‚Komödienstadel'. Germanistische, volkskundliche und psychologische Untersuchung eines Fernseh-Bauerntheaters. 1997.

Band 67 Klaus Watzin: Politiker im SPIEGEL-Gespräch. Ein Beitrag zur Entwicklung der politischen Sprache in der Bundesrepublik Deutschland. 1998.

Band 68 Hubert Kerscher: Zweite Wirklichkeit. Formen der grotesken Bewußtseinsverengung im Werk Heimito von Doderers. 1998.

Band 69 Bernhard Gajek (Hrsg.): Johann Georg Hamann und England. Hamann und die englischsprachige Aufklärung. Acta des siebten Internationalen Hamann-Kolloquiums zu Marburg / Lahn 1996. 1999.

Band 70 Eric Marzo-Wilhelm: Walther von der Vogelweide. Zwischen Poesie und Propaganda. Untersuchungen zur Autoritätsproblematik und zu Legitimationsstrategien eines mittelalterlichen Sangspruchdichters. 1998.

Band 71 Martina Probst: *Nu wache ûf, sünder træge*. Geistliche Tagelieder des 13. bis 16. Jahrhunderts. Analysen und Begriffsbestimmung. 1999.

Band 72 Christoph M. Pleiner: ‚Du übtest mit mir das feuerfeste Lied'. Eros und Intertextualität bei Claire und Iwan Goll. 1999.

Band 73 Albrecht Greule: Syntaktisches Verbwörterbuch zu den althochdeutschen Texten des 9. Jahrhunderts. Altalemannische Psalmenfragmente, Benediktinerregel, Hildebrandslied, Monseer Fragmente, Murbacher Hymnen, Otfrid, Tatian und kleinere Sprachdenkmäler. 1999.

Band 74 Joseph Kohnen: Lyrik in Königsberg 1749-1799. 2000.

Band 75 Beate Horn: Prosa im *Simplicissimus*. Zur Entwicklung literarischer Gattungen im Kontext von Zeitschrift, Bild und Satire. 2000.

Band 76 Alfred Wildfeuer: Der Dialekt im Kirchdorfer Land. Stand und Tendenzen eines zentralmittelbairischen Subdialektes. 2001.

Band 77 Ulrich Krämer: „... meine Philosophie ist kein Buch". August Ludwig Hülsen (1765-1809). Leben und Schreiben eines Selbstdenkers und Symphilosophen zur Zeit der Frühromantik. 2001.

Band 78 Thomas Emmerig (Hrsg.): Von Bayern nach Taiwan oder Von Unterdinxbichl zur paflakubischlbanischen Grenze. Felix Hoerburger und sein musikalisch-literarisches Werk. 2001.

Band 79 Christiane Thim-Mabrey: Grenzen der Sprache – Möglichkeiten der Sprache. Untersuchungen zur Textsorte Musikkritik. 2001.

Band 80 Susanne Näßl (Hrsg.): Regensburger Deutsch. Zwölfhundert Jahre Deutschsprachigkeit in Regensburg. 2002.

Band 81 Jürgen Ehneß: Felix Saltens erzählerisches Werk. Beschreibung und Deutung. 2002.

Die Reihe wird mit Band 98 unter dem Titel Regensburger Beiträge zur deutschen Sprach-, Literatur- und Kulturwissenschaft weitergeführt.

Regensburger Beiträge zur deutschen Sprach-, Literatur- und Kulturwissenschaft
Herausgegeben von Jürgen Daiber, Marcus Hahn, Ursula Regener und Paul Rössler

Band   98 Heribert Tommek / Christian Steltz (Hrsg.): Vom Ich erzählen. Identitätsnarrative in der Literatur des 20. Jahrhunderts. 2016.

Band   99 Paul Rössler (Hrsg.): Standardisierungsprozesse und Variation. Beiträge zur Engführung von Standardsprachenforschung und Variationslinguistik. 2016.

Band 100 Christan F. Arsan: Die Sprache in zentralen militärischen Dienstvorschriften der Bundeswehr. 2017.

Band 101 Christopher Kolbeck: Der Schreibusus der städtischen Kanzlei Straubing im 14. Jahrhundert. Ein Beitrag zur historischen Stadt- und Kanzleisprachenforschung. 2017.

Band 102 Peter Besl: Frage-Antwort-Strukturen im politischen Fernsehinterview. Zur Responsivität von Antwortsequenzen politischer Akteure in den Sommerinterviews von ARD und ZDF. 2018.

Band 103 Mihaela Șandor / Alvina Ivănescu (Hrsg.): Deutsche Regionalsprachen in Mittel- und Südosteuropa. 2019.

www.peterlang.com